戦略
モデルをデザインする

磯村 和人 著

日本公認会計士協会出版局

はじめに

　まず、本書を執筆するきっかけについて述べたいと思う。本書は、日本公認会計士協会出版局、第一法規出版編集局の担当者の訪問を受けたことから始まった。そのとき、日本公認会計士協会が発行する『会計・監査ジャーナル』の誌面を一新する計画があり、経営に関わる連載を検討してほしいという話であった。約35,000人の協会会員を中心としてビジネスパーソンを対象とする機関誌であり、監査や経理などの業務に携わる人向けに企業行動に関わる理論と実践について、経営、戦略、組織などの視点から記事を2年にわたって執筆してほしいという趣旨であった。

　当時、筆者が勤務する中央大学国際会計研究科において、「戦略とビジネスモデルの革新」という特別講義をグラコ株式会社代表取締役社長で、当研究科で客員教授を務める小林茂氏とともに開講していた。この授業では、理論とケースを組み合わせることで、理論と実践という両面から、戦略とビジネスモデルへの理解を深めることを目的としていた。この授業で準備してきたことをベースに、連載の構想を練ることにした。

　月刊誌ということもあり、さすがに2年間、24本の記事を書き続けることができるか、大きな不安があった。そこで、早稲田大学経営管理研究科の鈴木一功教授とエムセオリー代表取締役の栃本克之氏に協力を依頼し、雑誌での連載においてファイナンス編とマーケティング編を担当していただくことになった。両氏には、2年間で4本ずつの記事を執筆することを快諾いただいた。こうして、2016年1月号から始まった「［実例に学ぶ］企業行動の理論と実践」の連載は2017年12月号まで進み、無事に完結することができた。

　その後、2年にわたって16本の記事を掲載したこともあり、再度、日本公認会計士協会出版局の訪問を受けた。そのとき、連載の著作化を図ることについて相談を受け、この度、出版に至った。連載の際に設定した目的と同じように、著作化するに当たっても、戦略とビジネスモデルに関わって、理論とケースという両面から企業行動への理解を深めるものにすることに決まった。戦略とビ

i

ジネスモデルについて取り上げられる理論やアイデアの概要を簡単に知ることができ、関連するテーマに興味を喚起できるような著作にするという構想がまとまった。

　また、連載を単にまとめるにとどまらず、著作として統一感のあるものにするために、企業成長という視点から戦略とビジネスモデルがどのように進化、革新していくか、そのフレームワークを提示するというアイデアを採用することにした。レベルとしては、ベーシックな入門書に位置づけ、戦略論の標準的なテキストや研究者などが出版するビジネス書や研究書への橋渡しとなるようなものにしようということになった。そのため、標準的なテキスト、ビジネス書、研究書を読みこなしている読者にとってはすでに理解していることが多く、物足りないものになるのではないかと思う。しかし、著作化するに当たって、各理論やアイデアを統一感のあるものにするためのフレームワークを構築し、企業成長のための戦略モデルのプロトタイプを形成する試みについては、一定程度、独自性を打ち出すことができたのではないかと考えている。

　本書は、戦略やビジネスモデルに興味をもち、将来、企業全体の視点から戦略に取り組みたいと考えるビジネスパーソンを主に読者として想定している。また、すでに経営企画部のように、会社の中期経営計画などを検討する部門で、戦略やビジネスモデルについて、トップマネジメントや戦略担当役員などとの議論を深めている担当者にとっても、有意義なものにしようと考えている。さらには、大学や大学院で戦略やビジネスモデルについて一通り理解しておきたい学生にとって、入門書や参考図書としても利用できると思う。

　本書は、学術書というよりも、理論やアイデアの概要を簡単に知り、その上で、ケースから理論やアイデアのインプリケーションを考えてもらうためのビジネス読み物と考えている。第1章から第16章については、基本的に読み切りなので、興味のあるところを読んでいくことができる。

　ケースについては、基本的に公開情報に基づいて作成されている。企業の沿革を中心に記述し、どのような企業行動を積み重ねてきたか、それらの事実をベースにまとめている。また、経営者の意図や考えを反映できるように、経営

者が出版している著書やビジネス雑誌におけるインタビュー記事を主として活用している。ケースは、理論への理解を深めるために作成されたものであって、経営や戦略の適否を例示する意図や目的はないことを明記しておく。

　本書は、多くの人の協力を得ることで、出版できたものであり、関係各位に対して心よりお礼を申し上げる。雑誌への連載でお世話になった星浩之氏、著作化に向けてご相談をさせていただいた出版局に感謝したい。また、雑誌への共同での連載に参加してくれた鈴木教授、栃本氏の協力がなければ、とても2年の連載を継続し、完結できなかったと思う。ケース開発については、鈴木教授と栃本氏とともに、共同研究者である輔仁大学の黄佩鈺氏と小林氏との研究成果を本書に生かすことができた。さらに、「戦略とビジネスモデルの革新」という特別講義を共同で担当する小林氏とは、いつも実務家の視点から有意義な考えや示唆を受け、大きな刺激になったことを記しておきたい。

　中央大学国際会計研究科で開講するケーススタディ（企業研究）とプロジェクト演習では、企業の方々とのコラボレーションを通じて、授業を進めてきた。ケーススタディ（企業研究）で講演を行ったゲストスピーカーとその準備に関わった方々、プロジェクト演習で課題を提示し、学生の分析、提案に対してコメント、評価をしていただいた担当者の皆さんには、改めて、お礼申し上げる。特に、本書に関連して、しまむら、全日本空輸、ファーストリテイリング、パーク24、イトーヨーカ堂、セブン＆アイホールディングス、ヤクルト本社から協力をいただいた皆さんとのディスカッションを通じて、各企業への理解を深めることができたと考えている。なお、本書は、雑誌への記事掲載時から著作にまとめるまで、中央大学特定課題研究費、特別研究費の助成を受けている。

　2018年6月

磯村和人

戦略モデルをデザインする　Contents

序　章　本書の全体構想 ……………………………………………………… 1

第1部　基本戦略

第1章　コストリーダーシップ戦略（ケース：しまむら）…………… 14

第2章　差別化戦略（ケース：良品計画）………………………………… 29

第3章　模倣戦略（ケース：ピーチ・アビエーション）……………… 44

第4章　戦略とビジネスモデル（ケース：ファーストリテイリング）‥ 59

第2部　ビジネスモデル

第5章　リソースベーストビュー（ケース：平成建設）………………… 76

第6章　コアコンピタンス（ケース：パーク24）……………………… 90

第7章　垂直統合戦略（ケース：アイリスオーヤマ）………………… 103

第8章　ブルー・オーシャン戦略（ケース：西松屋チェーン）……… 117

第3部　イノベーション

第9章　マネジメントのイノベーション（ケース：相模屋食料）…… *132*

第10章　フリーのビジネスモデル（ケース：くまモン）……………… *148*

第11章　ビジネスモデルイノベーション（ケース：ジンズ）………… *162*

第12章　オープンイノベーション（ケース：サンリオ）……………… *177*

第4部　成長戦略

第13章　多角化戦略（ケース：セブン＆アイHD）…………………… *192*

第14章　国際化戦略（ケース：ヤクルト本社）……………………… *208*

第15章　M&Aとアライアンスの戦略（ケース：ダイキン工業）…… *222*

第16章　グローバルニッチ戦略（ケース：筑水キャニコム）………… *236*

終　章　本書のインプリケーション …………………………………… *249*

■研究者紹介 ……………………………………………………………… *256*

v

序章 本書の全体構想

■ はじめに

　序章として、本書の全体構想を明らかにする。以下、本書の目的と方法、研究の対象、リサーチ・クエッションと基本仮説、概念フレームワークについて順に説明していこう。その上で、最後に本書の構成について述べる。

■ 目的と方法

　筆者は、2016年1月号から2017年12月号までの間に16回にわたって、『会計・監査ジャーナル』で「［実例に学ぶ］　企業行動の理論と実践」という連載を担当した。本書は、この連載に基づいて、書籍化を図っている。連載の目的は、戦略、ビジネスモデル、組織など、広い意味で経営という観点から、企業を多面的に捉えるための考え方を提供することにあった。また、その際には、理論と実践という両面からアプローチすることで企業行動への理解を深めることを狙っていた。基本的に、本書もこの考え方を踏襲している。

　この目的を達成するために、戦略やビジネスモデルに関する基本的な理論やアイデアを紹介し、解説した上で、ケースを作成し、それらを通じて理論の有効性を確認しつつ、理論を応用するための考え方を探るという方法を採用している。また、読みやすさを追求するために、各章については、以下のような基本フォーマットを定めている。

　①　各章についてバックグラウンドを説明する。

　②　基本的な理論やアイデアの解説を行った上で、ケースを分析するためのクエッションを設定する。

③　ケースを紹介し、そのサマリーを行い、設定したクエッションからケースをレビューする。

さらに、わかりやすさと具体性を高めるために、できる限り、基本データを提示し、また、図解を取り入れるようにしている。もちろん、本書において、ケースでは、連載後の展開を追加し、データを中心にして最新のものにアップデイトしている。

■ 研究の対象

各章では、基本的な理論やアイデアとケースを取り上げているので、どのような方針でそれぞれ選択しているかを説明しよう。

基本的な理論とアイデアについては、欧米のビジネススクールを中心に採用される標準的なテキストを参考にしている[1]。また、基本的な理論やアイデアを実際にどのように応用していくかということも考慮に入れ、レビュー誌やビジネス書の中から16の理論やアイデアを選び出している。基本的理論やアイデアを選び出す作業を進める際に、中心になったテキストは、結果的に、マイケル・ポーター、ジェイ・バーニー、ロバート・グラントのものになった。というのは、ポーターの所説は戦略を議論していく上で体系性が高く、バーニーについては網羅性に優れ、グラントについてはシンプルでバランス性が良かったからである。

ポーターは産業組織論の考え方をベースにして、業界内においてどのような市場構造が構築されるかを分析するアプローチを提示している。それらに基づいて、どのように競争優位を確立するかを検討し、コストリーダーシップ、差別化、焦点という基本戦略を提示している。また、企業がどこでそれらの競争優位を生み出すかを考察するために、バリューチェーンという考えを示している。それは、事実上、リソースベーストビューやビジネスモデルの考え方に通じる視点をいち早く提案したものといえる。これを受けて、本書では、基本戦

略については、ポーターの考え方を中心にし、ファイブフォーシーズ分析を解説した上で、コストリーダーシップと差別化を取り上げている。

　これに対して、バーニーは、リソースベーストビューに基づいてVRIOというフレームワークを提示し、持続可能で、模倣困難な競争優位を生み出す源泉を明らかにしている。その上で、企業が実際に採用する戦略を網羅的に提示している。本書では、リソースベーストビューの概要について論じ、また、戦略としては、垂直統合、多角化、国際化、合併買収、戦略的提携を採用している。

　また、基本的にポーター、バーニーらの考え方に準拠しつつ、企業がどのように成長を実現していくかという視点から、これらの競争優位の考え方、戦略を位置づけることで戦略のライフサイクルモデルを提示するためのフレームワークを構築することを目指している。

　ケースとして選択された対象企業については、基本的な理論やアイデアを独自に取り入れ、成長を図っている企業を探索した。基本戦略としてどのような戦略を採用しているのか、その基本戦略を実現するためにどのようなビジネスモデルを構築しているのか、その上でどのようなイノベーションを実施しているのか、どのような成長戦略を採用しているのか、基本的な理論やアイデアを考察する上で、参考になるケースを収集し、分析している。

　その際には、様々な成長ステージにある企業、組織を採用するという方針をとっている。売上高を規模の目安としている。結果として、100億円以下の企業から1社、100億円から1,000億円の企業から5社、1,000億円から1兆円の企業から6社、1兆円以上の企業3社、その他として地方自治体から1団体が対象となった。

■ リサーチ・クエッションと基本仮説

　連載では、戦略やビジネスモデルに関する基本的な理論やアイデアを紹介し、

解説を進めていくことで、企業行動への理解を深めていくことを想定していた。しかし、連載を続けていく中で、全体として、企業が成長プロセスを通じて、どのように戦略やビジネスモデルを進化させ、発展させていくのか、という視点が重要であることを意識するようになった。特に、実際に戦略の舵取りを行う経営者や戦略担当役員という立場に自分がなったと仮定すると、企業がさらなる成長を目指し、成長のステップにおいてどのように戦略を変化させ、ビジネスモデルを進化、革新させるのかを自らに問うことになると考えられる。

　したがって、本書では、連載を統一感のあるものにするに当たって、「企業が成長を志向するとき、戦略とビジネスモデルをどのように進化させ、革新させるのか」という問いをリサーチ・クエッションとして設定することにした。

　また、連載を続ける中で、この問いへの解答として、「成長のステップに応じて、基本戦略を定めた上で、まずは、それらを実現するビジネスモデルを構築する。続いて、そのイノベーションを図りつつ、成長戦略の導入に取り組む」という姿がみえてきた。そこで、これを本書の基本仮説に定めて、確認していく。企業成長のプロセスで、どのような戦略を選択し、進化、転換させ、組み合わせていくか、ケースを通じて考える。

　本書では、企業の成長プロセスにおいて戦略とビジネスモデルが進化、革新する姿を追い、戦略のライフサイクルモデル（strategy lifecycle model）の構築を図り、成長戦略という視点から戦略に関する概念フレームワークを提案する。

■ 概念フレームワーク

　ポーターは、基本戦略として、「コストリーダーシップ」、「差別化」、「焦点」を挙げている。規模の小さな企業の場合には、経営資源や組織能力が限られるので、否応なく、製品、サービス、顧客、事業、市場などを絞り込む焦点戦略が採用される。したがって、最初のステップとしては、焦点戦略の中で、コストリーダーシップか差別化を選択すると思われる。ただし、ポーターはコスト

リーダーシップと差別化のトレードオフを主張しているが、焦点戦略を採用する場合は、両者を同時に活用する可能性を含んでいるとしている。

　本書では、第1部で論じるように、基本戦略として、コストリーダーシップと差別化に対して模倣を追加する。というのは、オーデッド・シェンカーも論じているように、模倣は企業にとって対症療法的なアプローチではなく、より体系的な戦略として活用されているからである[2]。筆者は、戦略の本質は差別化にあると考える。価格による差別化は、コストリーダーシップと呼ばれ、価格以外の差別化は、単に差別化と呼ばれる。価格による差別化があまりに強力なので、コストリーダーシップと差別化が区別される。差別化を実現していく上で、差異を拡大する戦略であるとすれば、当然、差異を解消する戦略も存在する。これらを組み合わせることで、企業は市場での生き残りを図っている。

　したがって、コストリーダーシップは、価格による差別化による差異の拡大だけでなく、製品やサービスの同質化を図り、競争を価格に持ち込む差異を解消する戦略としても機能している。また、模倣戦略も必ずしも差異を解消することで競合他社を無力化することに限られるわけではなく、異業種から新しい手法を持ち込むことで競争のルールを変化させ、差異を拡大する戦略としても活用される。図表1のように、本書では、焦点戦略の下で、差異を拡大し、解消する戦略として、「コストリーダーシップ」、「差別化」、「模倣」という3つを基本戦略に位置づけることにする。

　企業がスタートアップし、成長をはじめる場合には、基本的に焦点戦略を採用すると考えられる。焦点戦略の下では、基本戦略には3つの方法があるが、これを単独で活用するのか、組み合わせて活用するのかによって、以下のように少なくとも3つの基本パターンが考えられる。

●図表1　基本戦略

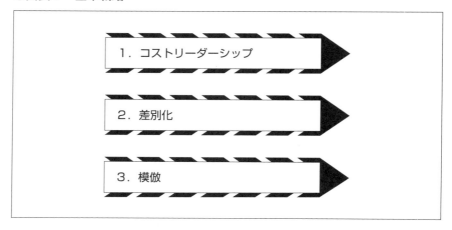

① コストリーダーシップ、差別化、模倣が単独で活用されるパターン。
② 2つの基本戦略が組み合わされるパターン。
③ 3つの基本戦略をすべて活用するパターン。

　本書のケースを分析する中で、実際には、どのようなパターンが採用されるかを確認する。ポーターは、コストリーダーシップと差別化はトレードオフで両立できないとしているが、本書のケースを分析することで、実際、企業がどのような選択をしているかを確認しよう。

　第1のステップとして基本戦略が定められると、第2のステップとして、焦点戦略の下で、企業が差異の拡大と解消を図るために、その仕組み作りが必要になる。本書では、その仕組みのことを「ビジネスモデル」と呼ぶ。例えば、コストリーダーシップを実現しようとすれば、低コストで製品やサービスを提供できるように、低コストのオペレーションシステムを構築する必要がある。したがって、基本戦略を実現するために、経営資源とケイパビリティ（組織能力）を蓄積し、サプライヤーと顧客との関係をマネジメントするためのビジネ

スモデルが練り上げられる。ビジネスモデルには、顧客に対してどのような価値提案を行うか、それらに基づいてどのような製品やサービスを生み出すか、どのようなステークホルダーと協力を図りながらビジネスプロセスを形成するか、その仕組みを通じて、利益をどのように生み出すか、から構成される[3]。

　続いて、基本戦略を実行するためのビジネスモデルを確立したとしても、競争の激しいハイパーコンペティションの時代では、つねに戦略とビジネスモデルを見直し、洗練化を図るとともに、イノベーションが求められる[4]。したがって、第3のステップとして、企業はイノベーションを追求すると考えられる。イノベーションは技術革新ともみなされるが、オペレーション、製品、サービス、ビジネスモデルのレベルでも行われる。また、業界全体を含めた競争構造、経営のイノベーションまで、その広がりをもっている。したがって、図表2のように、基本戦略、ビジネスモデルへの流れは、イノベーションへとつながっていき、そして、最後のステップとして、成長戦略へと向かっていく。

● 図表2　概念フレームワークのフロー

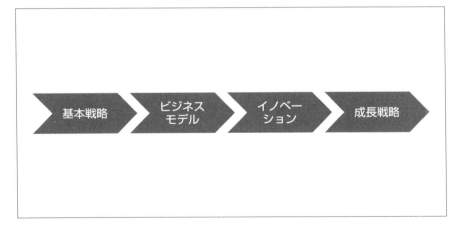

図表3のように、成長戦略としては、製品、サービス、顧客、事業を拡大していく中で多角化を図るとともに、市場をローカル、ナショナル、グローバルへと広げることによって、国際化を進めていくという2つのアプローチがある。

●図表3　成長戦略

多角化戦略：事業の多様化

製品、サービス
顧客
事業
ビジネスモデル

国際化戦略：市場の拡大

ローカル→ナショナル→グローバル

このように考えると、成長戦略は、製品、サービス、顧客、事業、市場を基本的に絞り込む焦点戦略の対極にあることがわかる。多角化、国際化を志向するとき、焦点戦略から離脱し、企業は新たな課題に直面することを意味する。

　多角化戦略については、事業のレベルで議論されることが多いが、本書では、製品、サービス、顧客の拡大のレベルでも考える。例えば、自動車産業で、トヨタ自動車のように、大衆車から高級車へとラインナップを広げることは多角化に含められる。また、B to BからB to Cへのシフトのように、法人顧客から個人顧客への拡大についても多角化として捉える。

　また、多角化を実行する場合、既存のビジネスモデルを活用するか、ビジネスモデル自体を多角化するか、も検討される。例えば、航空業界で、フルサービスキャリアがLCC事業を取り入れることは、ビジネスモデルの異なる事業による多角化と考える。マルキデスらが主張するように、実際、ビジネスモデ

序章　本書の全体構想

ルの多角化、どのようにビジネスモデルのポートフォリオを組むのかも重要な課題になりつつある。その際、統合、段階的統合、分離、段階的分離という4つの導入方法が提案されている[5]。

さらに、国際化については、国内市場から海外市場で捉えることが通常であるが、その中間形態としてナショナルのレベルを追加する。特に、日本やアメリカのように、比較的大きな国内市場をもつ国家の場合には、中間形態を考慮することが有効である。外食や小売のチェーンにみられるように、ローカルからナショナルへ、ナショナルからグローバルへと事業展開されると捉える方が、企業成長の視点で考える場合に、より現実的だろう。

バーニーの著書では、垂直統合、多角化、戦略的提携、合併買収、国際化などの戦略は、並列に扱われている。しかし、本書では、成長戦略は多角化戦略と国際化戦略の2つに限定する。全社戦略として取り上げられる垂直統合、戦略的提携、合併買収を多角化と国際化の下位概念として位置づける。具体的には、戦略的提携や合併買収は、多角化、国際化などの戦略を実行するための手段として捉える。また、ビジネスモデルのイノベーションを実現するときに、垂直統合の考え方が取り入れられ、どこまで内製化し、どこから外製化するかが検討される。その上で、ビジネスプロセスを洗練化するために、戦略的提携や合併買収がその手段として活用されると考えることができる。

●図表4　基本戦略と成長戦略の組合せパターン

1．基本戦略→多角化
2．基本戦略→国際化
3．基本戦略→多角化＋国際化
4．基本戦略→多角化→国際化
5．基本戦略→国際化→多角化

図表4のように、成長を追求するプロセスの中で、基本戦略から成長戦略へ

と向かっていき、どのような組合せを採用するか、いくつかのパターンが生まれる。例えば、差別化戦略を追求しながら、さらなる成長を求めて、国際化、多角化、あるいは、双方を戦略として採用する。ケースを通じて、実際にどのようなパターンが採用されているかを検討する。

　以上のように、基本戦略からスタートし、基本戦略を実行するビジネスモデルの構築に進み、その後、様々なイノベーションを取り入れて、改善や革新が行われる。さらなる成長を図るためには、多角化、国際化、あるいは双方を戦略として採用する流れの戦略モデルをどのようにデザインするか、という視点から、各ケースをこのフレームワークからレビューすることにしたい。

■ 本書の構成

　戦略の概念フレームワークで論じたように、基本戦略、ビジネスモデル、イノベーション、成長戦略という流れで、成長のプロセスを捉えている。そのため、基本的には、16回の連載で取り上げた内容をこの配列の中に組み入れることで、本書は構成される。

　第1部では、まず、基本戦略について論じ、コストリーダーシップ戦略、差別化戦略、模倣戦略を取り上げる。続いて、基本戦略からビジネスモデルへとどのようにつながっていくかを考える。

　第2部では、ビジネスモデルについて考える。ビジネスモデルの基盤を構成する経営資源とケイパビリティを議論するリソースベーストビューとコアコンピタンスについて論じる。続いて、ビジネスモデルをどのように形成するかという視点から、ビジネスプロセスの内製化、外製化を考える垂直統合戦略、ビジネスモデルをどのようにデザインするかを提案するブルーオーシャン戦略を考察する。

　第3部では、イノベーションについて考察する。イノベーションの全体構造を理解するためにイノベーションの階層性について論じる。続いて、IT（information

技術（technology）によってどのようなビジネスモデルの革新が起きたのかを考えるためにフリーのビジネスモデル、ビジネスモデルを進化させるビジネスモデルイノベーション、戦略的提携を活用することで、事業の革新を図るオープンイノベーションを取り上げる。

　第4部では、成長戦略がテーマとなる。事業を複数化させる多角化戦略の概要について論じ、国際化とはどのような戦略かを解説する。また、国際化あるいは多角化を進めるために、合併買収がどのように活用されるのか、差別化戦略から成長戦略として国際化を活用するグローバルニッチ戦略について論じる。

　終章では、当初、想定した基本仮説、ここで提示したいくつかの問いを理論とケースを検討する中で、どのようなことが確認できたかをサマリーする。その上で、今後、戦略のライフサイクルモデルを洗練化していくために、どのような方向性があるかを提示する。

注

1　マイケル・ポーター『新訂　競争の戦略』ダイヤモンド社、1995年、マイケル・ポーター『競争優位の戦略』ダイヤモンド社、1985年、ジェイ・バーニー『企業戦略論　上・中・下』ダイヤモンド社、2003年、ガース・サローナー、アンドレア・シェパード、ジョエル・ポドルニー『戦略経営論』東洋経済新報社、2002年、ロバート・M・グラント『グラント現代戦略分析』中央経済社、2008年、デビッド・J. コリス、シンシア・A. モンゴメリー『資源ベースの経営戦略論』東洋経済新報社、2004年、浅羽茂・牛島辰男『経営戦略をつかむ』有斐閣、2010年、網倉久永、新宅純二郎『経営戦略入門』日本経済新聞出版社、2011年。
2　オーデッド・シェンカー『コピーキャット』東洋経済新報社、2013年。
3　マーク・ジョンソン、クレイトン・クリステンセン、ヘニング・カガーマン「ビジネスモデル・イノベーションの原則」『DIAMONDハーバード・ビジネス・レビュー』2009年4月号、マーク・ジョンソン『ホワイトスペース戦略』CCCメディアハウス、2011年。
4　ゲイリー・ハメル「インタビュー　いま、経営は何をすべきか」『DIAMONDハーバード・ビジネス・レビュー』2013年3月号、ゲイリー・ハメル『経営は何をすべきか』ダイヤモンド社、2013年。

5   Markides, C.C., *Game-Changing Strategies*, Jossey-Bass, San Francisco, 2008.

第1部

基本戦略

第1章 コストリーダーシップ戦略

■ はじめに

第1章では、コストリーダーシップ戦略を取り上げ、その基本的な考え方を説明する。戦略の本質は差別化にあると考えるが、コストリーダーシップは価格による差別化であり、最も強力で有効性の高い戦略といえる。マイケル・ポーターは、産業組織論の考え方を活用し、産業構造を分析するフレームワークを提示している。その中で競争戦略を論じ、コストリーダーシップ戦略を位置づけている。

続いて、ケースでは、アパレル小売チェーンを展開するしまむらグループ（以下「しまむら」という。）を取り上げる[1]。しまむらは、物流と小売のプロセスを統合し、徹底したローコストオペレーションの仕組みを構築している。その上で、低価格商品を提供することで、持続可能な競争優位を生み出している姿を考察する。

■ 理論：コストリーダーシップ戦略

ポーターの登場

ポーターが1980年に『競争の戦略』を出版すると、ビジネスの世界では、市場の中でどのように競争優位を確保するか、戦略論への関心が急速に高まった。ポーターは、「競争戦略とは、業界内で防衛的な地位をつくり、5つの競争要因にうまく対処し、企業の投資収益を大きくするための、攻撃的または防御的アクションである」と説明している[2]。

第 1 章 コストリーダーシップ戦略

ファイブフォーシーズ分析

　一般的に、業界内の競争については、競合他社がベンチマークされる。しかし、図表1のように、ポーターは、競争要因は競合他社との競争だけではないとして、ファイブフォーシーズ分析（five forces analysis）を提言している。

　同一産業内の競争は、基本的に、その産業構造に左右される。その産業構造を規定するものとして、既存企業同士のポジション争いに加えて、顧客の交渉力、サプライヤーの交渉力、新規参入の脅威、代替製品や代替サービスの脅威という5つの要因が提示される。競争要因のうち、最も影響力が大きいものが産業の収益性を決めるので、各企業は自らの立場を有利にし、各競争要因をコントロールできるポジションを産業の中に見つけ出そうとする[3]。

　それでは、なぜ、この5つの要因が競争を決定するのであろうか。ポーターによれば、それは、企業が5つのプレイヤーとの交渉や競争によって、収益性が変化し、利益を奪い合う関係にあるから、と説明している。これらの5つの

●図表1　ファイブフォーシーズ分析

```
                    ┌──────────────┐
                    │  新規参入の脅威  │
                    └──────────────┘
                            │
                            ▼
┌──────────┐      ┌──────────────┐      ┌──────────┐
│サプライヤーの│ ──▶ │  既存企業同士の  │ ◀── │ 顧客の交渉力 │
│   交渉力   │      │  ポジション争い  │      │          │
└──────────┘      └──────────────┘      └──────────┘
                            ▲
                            │
                    ┌──────────────┐
                    │   代替製品や    │
                    │ 代替サービスの脅威 │
                    └──────────────┘
```

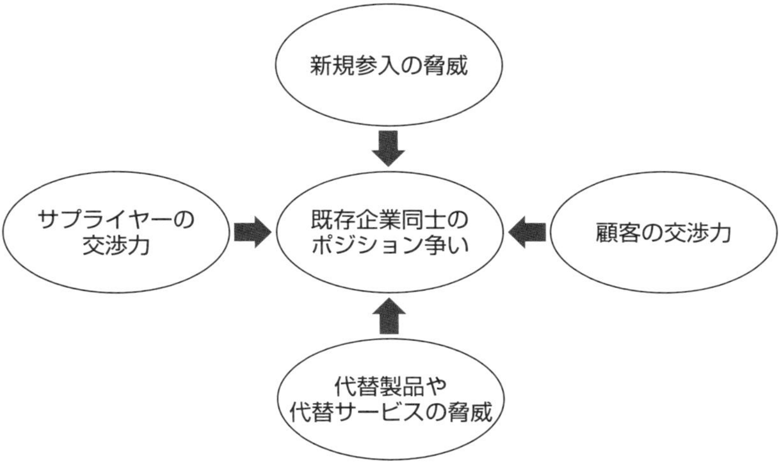

出典：マイケル・ポーター「競争の戦略：5つの要因が競争を支配する」『DIAMONDハーバード・ビジネス・レビュー』2007年2月号

第 1 部　基本戦略

要因は、実際には、大きく２つに分けることができる。新規参入の脅威、既存企業同士のポジション争い、代替製品や代替サービスの脅威は、マーケットにおける既存の、あるいは、潜在的な競合企業との競争を意味している。つまり、企業の外部にある市場における機会と脅威を示す。これに対して、サプライヤーの交渉力、顧客の交渉力は、企業が製品やサービスを生産し、販売するプロセスにおいて、利害関係者との力関係によってどのように利益が変化するかに関係する。これらは、主として企業の内部活動に与える影響力である。それは、企業内部の強みと弱みがどこにあるかにつながっている。

企業の外部における機会と脅威

・新規参入の脅威
・既存企業同士のポジション争い
・代替製品や代替サービスの脅威

企業の内部に影響する

・サプライヤーの交渉力
・顧客の交渉力

基本戦略とは

　ポーターによると、この５つの競争要因に対処する場合、競合他社に打ち勝つための３つの基本戦略があるとする。すなわち、①コストリーダーシップ、②差別化、③焦点、である。コストリーダーシップと差別化は、基本的にトレードオフの関係にあり、両方を同時に追求することは有効ではないとされる。しかし、特定の買い手グループ、製品の種類、特定の地域市場へ、企業の資源を集中する焦点戦略においては、コストリーダーシップと差別化は両立する可能性を含んでいるという。したがって、実際には、集中あるいは拡大の中でコストリーダーシップか差別化を選択することになる。

　しかし、この３つの基本戦略は、捉え方を変えると、実際には戦略は１つしかないともいえる。「コストリーダーシップ」は価格による差別化であり、「差別化」は価格以外による差別化である。価格による差別化が強力なものである

第 1 章 コストリーダーシップ戦略

ために、コストリーダーシップと差別化が区別される。戦略とは他の企業との差別化を図り、その存在の必要性を市場に示すことにある。その上で、市場でサバイバルするために差別化に磨きをかけ、独自のポジションをマーケットに確立しようとする[4]。マーケットでポジションを確立すると、集中から拡大のフェーズに向うことになる。

コストリーダーシップとその強み

本章では、この3つの基本戦略の中で、特に、コストリーダーシップに注目し、ケースを通じてその戦略としての有効性を考察する。コストリーダーシップとは、「コスト面で最優位に立つという基本目的にそった一連の実務政策を実行することで、コスト上のリーダーシップをとろうという戦略」と定義される[5]。競合他社よりも低コストを実現することが、この戦略の中心的な課題になる。例えば、適度な規模の生産設備に対して積極的に投資を図るとともに、経験を蓄積することで学習能力を高め、コスト削減を進める。また、取引を有利に行うことができる相手を選択することで、直接経費をコントロールする。あるいは、研究開発費やプロモーションなどの広告コストなどをできる限り削減することで間接経費を厳しく管理しようとする。

コストリーダーシップの強みとしては、低コストの地位を確立すると、業界内に強力な競争要因があらわれても、平均以上の収益を生み、競合企業からの攻撃をかわす防御体制を構築することができる。つまり、相手よりも低コストである場合、競合相手が攻撃のために低価格を仕掛けても、収益を確保し、強力な買い手の値引き攻勢に対して防御することが可能になる。さらに、強力なサプライヤーが原料費のコストを上げるような場合には、生産性を向上することで対応する。このように、低コストの地位は、規模の経済性またはコストの有利さという意味で新規参入に対する参入障壁を構築し、また、代替製品や代替サービスを提供して参入を図ろうとする企業よりも有利な立場を維持することにつながる。

17

第 1 部　基本戦略

ケースを分析する視点

　以上がポーターによるコストリーダーシップに関する理論の概要である。これらの理論が内包するインプリケーションを理解するために、後半では、コストリーダーシップ戦略を採用する企業としてアパレル小売チェーンを展開するしまむらをケースとして取り上げ、具体的に考察する。コストリーダーシップの理論への理解を深めるために、ケースを分析する視点として以下の4つの疑問を提示する。

Q1　コストリーダーシップ戦略は具体的にどういう点で有効的か。
Q2　市場の競争要因をどのようにコントロールしているか。
Q3　基本戦略はどのように組み合わされているか。
Q4　さらなる成長を志向する中で、どのような戦略を採用しようとしているか。

■ ケース：しまむら

企業の概要

　しまむらは、アパレル小売チェーンを展開する企業であり、グループ全体で2,066店舗を展開している。国内での売上高ランキングでは、ユニクロやGUなどを展開するファーストリテイリングに次いで第2位にあり、グローバルでの売上高ランキングでも第10位に位置している。2017年2月期には、自己資本当期純利益率（ROE）は10.3％であり、ここ5年でコンスタントにROE10％程度を残す高収益企業でもある[6]。

第 1 章　コストリーダーシップ戦略

基本戦略

　しまむらは1953年に設立され、1957年にセルフサービスを導入し、総合スーパーストアの事業展開を模索する[7]。当初、ダイエーやイトーヨーカ堂のように、食品、衣料、生活用品をワンストップで提供するいわゆる総合スーパー（GMS）を志向していた。しかし、すでに先行企業が着々と全国展開を行う中で、フォロワー企業として危機意識を高めた。サバイバルを図るために、GMSを目指すプランを断念し、粗利率の高いアパレルを中心とする小売チェーンを構築するという決断を行った[8]。

　その中心的な戦略は、競争が比較的厳しくない地方や郊外に店舗を集中的に展開するドミナント戦略であり、低価格の商品を提供するコストリーダーシップ戦略で参入障壁を高めるものである。2017年2月期で、主力の「ファッションセンターしまむら」という店舗ブランドでみると、買上点数は3個、1点単価は910円、客単価は2,687円となっている。低価格を歓迎する20代～50代の主婦を中心に大多数の家庭（＝ファミリー）をターゲットとし、ファミリーが日常生活のために使用する衣料品を提供することを基本ポリシーとしている。しまむらの安心価格はターゲットのリピート率を高め、囲い込みを意図している[9]。

ビジネスモデル

　ZARA、H&M、GAP、ユニクロなどのアパレル小売チェーンが製造小売（SPA）というビジネスモデルを採用している一方、しまむらは、図表2のように、多様なメーカーから商品を仕入れ、流通と小売プロセスを統合することで、ローコストオペレーションを追求するビジネスモデルである。

　SPAのビジネスモデルでは、自らで商品を企画し、生産委託工場から商品を完全買取りすることで、約50％以上の粗利率を実現し、販売管理費率をコントロールすることで、10％以上の営業利益率を確保する。これに対して、図表3のように、しまむらの粗利率はメーカーからの買取りのために約30％で、ロ

●図表2　しまむらのビジネスモデル

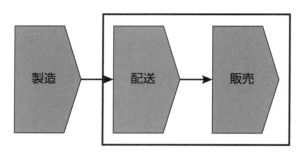

出典：筆者作成

ーコストオペレーションで販売管理費率を20％台にまで下げることで、10％以上の営業利益率を得ようとするモデルである。したがって、しまむらは、徹底的にビジネスプロセスと経営資源を見直し、ローコストオペレーションの仕組みを構築している。

●図表3　しまむらの利益構造

科目	金額（百万円）	構成比（％）
売　上　高	565,469	100
売　上　原　価	377,852	66.8
売上総利益	187,616	33.2
販売管理費	139,863	24.8
営　業　利　益	48,794	8.6

出典：株式会社しまむら『第64期　決算概要　平成28年2月21日～平成29年2月20日』
https://sslimg.shimamura.gr.jp/finance/file/64_04_gaiyou.pdf

店舗開発

　店舗開発については、しまむらは地方都市の郊外に集中的に店舗を展開する「ドミナント出店」を行っている。上述したように、競争を回避するとともに、配送の効率性を高めることを意図している。また、郊外に出店することで賃料

第 1 章 コストリーダーシップ戦略

コストを下げ、さらに、店舗を標準化することで、開発コストをコントロール
する。しまむらでは、店舗の適正立地、適正規模、適正条件の基準をマニュア
ルで規定し、商圏調査から始まって、地主・オーナーとの交渉、契約、許認可
に至るまで、直接、しまむらの開発部員が慎重に行っている。図表4のように、
店舗開発に関する精度が高く、退店率を低く抑えることに成功し、このことが
安定的で持続的な成長を可能にしている。

●図表4　しまむらグループの店舗数の推移

	2014年 2月期	2015年 2月期	2016年 2月期	2017年 2月期	2018年 2月期(計画)
出店数	53	76	95	64	90
退店数	3	5	11	13	6
改築・移転	0	4	7	8	4
期末店舗数	1,860	1,931	2,015	2,066	2,150

出典：株式会社しまむら『第64期　決算概要　平成28年2月21日～平成29年2月20日』
　　　https://sslimg.shimamura.gr.jp/finance/file/64_04_gaiyou.pdf

商品の仕入れと在庫管理

商品の仕入れと在庫管理については、本社に所属する約120名のバイヤーが
責任を負うセントラルバイイングを採用している。毎週火曜に500社以上のサ
プライヤーと打合わせ、納入する商品をセレクトする。1店舗当たりで5万点
以上のアイテムが販売され、大量のアイテムを現金で完全買取りすることで低
価格で仕入れることに成功している。

また、商慣習としてしばしば日本で行われるメーカーへのキックバックの要
求、店舗支援の要請などを行わないことも低価格での仕入れを可能にする。さ
らに、POS（point of sales）で蓄積されたデータをメーカーと共有し、PB（プ
ライベートブランド）などを含めた商品開発にも役立てている。このように、
サプライヤーであるメーカーと強力な協力関係を構築している。

21

第 1 部　基本戦略

情報システムと物流システム

　しまむらは、店舗が 4 店舗であった1975年からコンピュータを導入し、独自の情報システムを開発している。SPA のビジネスモデルと比較して粗利率が低いこともあり、また、販売価格も低価格を追求し、営業利益率を上げるために、これ以上の店舗でのディスカウントを回避しようとする。そのために、売れ残った商品は店舗間を移動させることで、売り切ってしまう。独自の配送システムをもっているために、追加コストがかからない。配送センターは完全自動化され、配送は毎日、夜間に時間どおりに行われ、店舗では開店前に約2,000アイテムを展示する。

　また、しまむらは、メーカーと協力して直接物流の仕組みを構築している。多くのメーカーが中国で商品の生産を行っているので、異なるメーカーの製品を上海と青島の物流業者に一括納入してもらい、従来、日本で行っていた商品の仕分けや値札付けなどの流通加工を相対的にコストの安い中国で実施し、中国で船積みされたコンテナをサプライヤーの倉庫を通さず、直接、しまむらの商品センターに納品する。その結果、メーカーは倉庫への保管コストをなくし、流通加工コストを削減できる。

店舗オペレーション

　しまむらでは、M社員と呼ばれるパートタイム社員がおり、その比率は80％を超えている。店舗オペレーションは完全に標準化され、1 人の店長と 8 人のM社員によって運営される。店長の70％はM社員から昇進している。M社員には、独自開発したマニュアルで教育するが、必ずしもマニュアルに盲従するわけではない。M社員がより効率的な方法を見つけた場合には、改善提案を行う。本社スタッフが改善提案を吟味し、有効と判断された提案は採用される。毎月、マニュアルは改定され、店舗オペレーションは効率化される。この結果、人件費をコントロールすることにもつながり、売上に対する人件費率は

約10%になっている。このマニュアルは店舗オペレーションだけでなく、全社の業務を網羅する包括的なものである。全10巻に及ぶマニュアルは、徹底した業務の標準化と合理化を進める根幹をなしている[10]。

顧客価値と成長戦略

　しまむらは消費者への変化対応の重要性が高い小売業ということもあり、柔軟に価値提案を変化させてきた。1970年代までの高度経済成長期には、低価格の商品を大量に、1980年代に入ると、高品質の商品を低価格で、1990年代に入り、消費が成熟してくると、ファッション性の高い商品を低価格で、提供することに力を入れるようになる。この頃に新しい成長戦略やビジネスモデルの模索を始めている。1996年以降、マルチブランド戦略を採用し、顧客ターゲットの拡大を図っている。15歳〜35歳をターゲットに、カジュアルとエレガンスの衣料品にシューズを販売する「アベイル」、ベビー・子供用品の専門店として「バースデイ」、15歳〜35歳の女性をターゲットにおしゃれで快適な生活空間を演出する衣料品・インテリア・雑貨等のソフトグッズを提供する「シャンブル」、15歳〜35歳の女性をターゲットに、トレンドを意識したカジュアルシューズを豊富に取り揃えた靴の専門店である「ディバロ」を新規事業として始めた。新しい店舗ブランドは、ファッションセンターしまむらと結びつけられ、既存マーケットのドミナンスを強化することを狙っている。図表6のストアブランド

●図表5　しまむらブランドの種類

	カテゴリー	店舗数
しまむら	衣料品	1,401
アベイル	衣料品・靴の販売店	313
バースデイ	ベビー・子供用品	261
シャンブル	衣料品・インテリア・雑貨	98
ディバロ	カジュアルシューズ	16

出典：株式会社しまむらウェブサイト―会社概要　　※2018年2月20日現在
https://www.shimamura.gr.jp/company/data/

別の売上高シェアをみると、主力のしまむらが79.9％で、アベイル8.9％、バースデイ8.3％であり、しまむらへの依存が高いことがわかる。

　また、1998年に台湾、2012年には上海へ海外進出を図り、国際化にも取り組んでいる。台湾（思夢樂）の店舗では、日本と全く同じ仕組みを導入し、すでに39店舗を展開し、黒字化を達成している。また、中国（飾夢楽）の店舗では、都心部を中心に19店舗を展開している。しかし、図表6にあるように、海外売上高シェアは、思夢樂1％と飾夢楽0.1％とで1.1％にとどまっている。

●図表6　ストアブランド別売上高シェア（％）

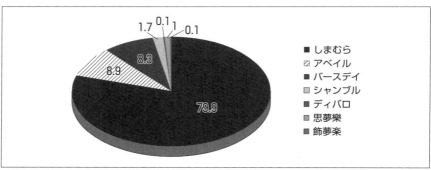

出典：株式会社しまむら『第64期　決算概要　平成28年2月21日〜平成29年2月20日』
https://sslimg.shimamura.gr.jp/finance/file/64_04_gaiyou.pdf

　さらに、最近では、東京、神奈川、名古屋、大阪、福岡等の大都市圏や地方都市への進出、商業ビルやショッピングセンターへの出店も積極的に進めている。しかし、図表7のように、地方では国内シェアが高いが、都心部では低いのが現状である。人口密度の高い商圏は有望なマーケットであるため、今後の課題である。しまむらの新たなビジネスモデルの確立が注目される。

第 1 章　コストリーダーシップ戦略

●図表7　都道府県別国内シェア

都道府県名	国内シェア
1位：青森県	17.5%
2位：秋田県	14.4%
3位：山形県	13.2%
4位：福島県	13.2%
5位：富山県	12.5%

都道府県名	国内シェア
43位：兵庫県	4.8%
44位：京都府	4.5%
45位：神奈川県	4.2%
46位：大阪府	3.7%
47位：東京都	2.3%

出典：株式会社しまむら『第64期　決算概要　平成28年2月21日〜平成29年2月20日』
https://sslimg.shimamura.gr.jp/finance/file/64_04_gaiyou.pdfから筆者作成

経営改革への取組み

　こうした中で、2014年2月期、2015年2月期に上場以来初となる営業利益の減益に直面することになった[11]。野中正人社長は、インタビューに対して「今までと違うのは『やらないということをやめましょう』ということ」と応えて、以前は消極的であったネット通販についても意欲を示している[12]。また、デフレという環境に対応するために、商品開発については、今まであまり取り扱うことのなかった高単価商品への挑戦を始めた。実際、3,900円の「裏地あったかパンツ」をPBとして投入し、60万本を売り切っている。規模が拡大する中で、これまでローコストオペレーションの中核にある在庫コントロールに歪みが生まれるようになった。これに対しては、売れ残りを計画的に処分する仕組みを取り入れ、また、コントローラーの権限を強化することでバイヤーの過剰な仕入れを防ぐ役割を導入した。

　また、1996年以降、マルチブランド戦略を取入れたものの、停滞していた新しいストアブランドについて、子供服「バースデイ」の店舗数を2023年を目途に現状の2倍である500店に増やす計画を打ち出した。婦人靴「ディバロ」についても低価格を武器に強化する方針を打ち出している[13]。店舗開発については、国内市場で積極出店を行うことで生き残りを図る成長戦略を打ち出している。郊外を中心に1,000㎡の標準店については出店余地が狭まっているため、すで

第 1 部　基本戦略

に展開を始めている500㎡の都心部に加え、1,500㎡の大型店、1,000㎡未満の人口減少地域向けという3つの店舗タイプを開発している[14]。

■ まとめ

　ケースをサマリーすると、しまむらは、競争を避けるために地方都市の郊外にドミナント出店を図るとともに、参入障壁を高めるためにコストリーダーシップ戦略を採用している。これらの戦略を実行するために、徹底したローコストオペレーションの仕組みを構築し、合理性と効率性を高めている。時代の変化に対応するためには、強みである低価格を新たな価値と結びつけて付加価値を高めることで、競争優位の維持を図っている。

　ケースを分析するために設定した4つの疑問からケースをレビューする。

Q1　コストリーダーシップ戦略は具体的にどういう点で有効的か。

　コストリーダーシップ戦略というシンプルな戦略を設定し、それらを実行する仕組みを構築することで、強力な競争優位を確立することに成功している。フォロワー企業としてサバイバルを志向してきたこともあり、競争を回避する防御的な側面が強い。しかし、他方で、低価格で参入障壁を高めるという点に関しては、攻撃的な側面も有している。

Q2　市場の競争要因をどのようにコントロールしているか。

　サプライヤーとはウィンウィンの協力関係を構築し、コアターゲットにリーズナブルな価格の商品を安定的に提供することで持続的な成長を可能にし、必ずしも利益を奪い合う関係になっているわけではない。利害関係者と競争だけでなく、協力を志向している。

Q3　基本戦略はどのように組み合わされているか。

　近年、マルチブランド戦略を導入し、差別化を追求する動きもみせている

第 1 章 コストリーダーシップ戦略

ものの、一貫して独自の強みであるコストリーダーシップを強化し、差別化戦略は部分的に取り入れている。

Q4 さらなる成長を志向する中で、どのような戦略を採用しようとしているか。

コア事業であるファッションセンターしまむらの他に新たな店舗フォーマットを導入して、多角化を進めている。また、国内で確立したビジネスモデルを台湾に移植して、国際化についての取組みも行っている。しかし、多角化、国際化ともに業績上のインパクトは限定的で、再度、国内市場に注力して、その深堀を図るとともに、多角化を強化する方向を打ち出している。

注

1　ケースの記述は、しまむらグループのホームページの公開情報（https://www.shimamura.gr.jp/）と以下の文献に依拠している。田中 陽、馬場完治、谷川 博「特集 小売りのトヨタ しまむら流 社員も楽しむ究極の効率経営」『日経ビジネス』2006年5月22日号、月泉 博『ユニクロVSしまむら』日本経済新聞社、2006年、小川孔輔『しまむらとヤオコー』小学館、2011年、Kazuhito Isomura & Pei-Yuh Huang, "Shimamura's strategy to avoid competition: Developing a low-cost operating system and evolutionary manuals", *Strategic Direction*, Vol. 31, No. 5、2015.

2　マイケル・ポーター『新訂 競争の戦略』ダイヤモンド社、1995年、55ページ。

3　マイケル・ポーター「競争の戦略：5つの要因が競争を支配する」『DIAMOND ハーバード・ビジネス・レビュー』2007年2月号。

4　マイケル・ポーター「戦略の本質」『DIAMOND ハーバード・ビジネス・レビュー』2011年6月号。

5　マイケル・ポーター『新訂 競争の戦略』ダイヤモンド社、1995年、56ページ。

6　株式会社しまむら『第64期決算概要 平成28年2月21日～平成29年2月20日』（https://sslimg.shimamura.gr.jp/finance/file/64_04_gaiyou.pdf）。

7　『しまむらグループ 企業情報沿革』（https://www.shimamura.gr.jp/company/history/）。

第 1 部　基本戦略

8　石倉洋子「ビジネスケース　しまむら　ローコストオペレーションの確立と新業態の開発」『一橋ビジネスレビュー』第51巻第2号、2003年。

9　以下、店舗開発、セントラルバイイング、在庫管理、物流システム、情報システム、店舗オペレーションについては、『しまむらグループ　企業情報　事業活動』（https://www.shimamura.gr.jp/company/business/）を参照のこと。

10　溝上幸伸『ファッションセンターしまむら　逆転発想マニュアル』ぱる出版、2001年。

11　冨岡 耕「デフレに愛された会社　しまむらが復活する日」『週刊東洋経済』2015年11月14日号、武田安恵「しまむら　衣料専門店　新・成長モデルで復活」『日経ビジネス』2016年4月4日号。

12　「カリスマ不在でもしまむら復活」『日経MJ（流通新聞）』2017年4月26日、「しまむら、ネット通販検討。慎重姿勢から一転　『EC（電子商取引）研究プロジェクト』を立ち上げ」『日刊工業新聞』2017年8月16日。

13　「しまむら、婦人靴に再挑戦」『日経産業新聞』2017年6月28日、「しまむら、子供服店500店　少子化でも需要堅調」『日本経済新聞』2017年7月15日。

14　「しまむら　店舗、立地別に3タイプ」『日経MJ（流通新聞)』2017年8月14日。

第2章	# 差別化戦略

■ はじめに

　第1章では、マイケル・ポーターの競争優位とポジショニングに関する理論に基づいて、基本戦略にはコストリーダーシップ、差別化、焦点という3つがあることを論じ、コストリーダーシップ戦略についてその概要を説明した。続いて、本章では、基本戦略の中から差別化戦略を取り上げる。差別化戦略の理論について、その概要を解説した上で、差別化の競争優位性を維持できるビジネスモデルをどのように構築するかを論じる。

　また、ケースについては、「無印良品」というブランドで幅広い商品やサービスを提供し、基本的に直営店中心に国内外で店舗展開を進める「良品計画」を取り上げる[1]。差別化戦略を追求する中で、どのようにグローバルブランドをデザインし、構築してきたかを考える。

■ 理論：差別化戦略

差別化戦略とは

　ポーターの戦略論に基づくと、もう1つの基本戦略は差別化である。この戦略は、自社の製品やサービスを差別化し、業界の中で独自であるとみなされるものを創造しようとする。差別化には多様な方法があり、製品デザインやブランドイメージによる差別化、テクノロジーによる差別化、製品特長の差別化、顧客サービスの差別化、販売チャネルの差別化などが挙げられる。差別化が戦略の中核にあるからといって、コストを無視してもよいということではない。

29

第 1 部　基本戦略

あくまで、コストが最優先の戦略目標ではないということを意味している[2]。

差別化の力

　差別化に成功すると、コストリーダーシップとは異なるやり方で、5つの競争要因に対応し、業界内に安全な地位を築き、業界の平均以上の収益を確保することが可能になる。つまり、差別化は、競合他社からの攻撃を回避しやすくし、代替製品や代替サービスを提供する潜在的な競合企業に対しても優位な立場を築くことにつながる。

　具体的には、顧客に対しては、ブランドへのロイヤリティを高めることで、価格への反応を弱くすることができる。マージンを増やすことができるので、低コストの地位を必ずしも占める必要がなくなる。また、顧客のロイヤリティが高まると、新規参入を考える潜在的な競合他社にとっては、さらなる差別化への努力を強いられるために、高い参入障壁を構築することにつながる。さらに、差別化がもたらす高いマージンは、サプライヤーの交渉力に対抗する力を高め、買い手の力を弱める働きがある。というのは、差別化が強化されていくと、買い手は同じものを競合他社から買うことができず、価格に対してこだわることができなくなるからである。

差別化をいかに持続させるか

　このように、差別化戦略を確立すると、5つの競争要因に対応でき、市場で独自のポジションを占めることが可能になる。しかし、いったん差別化のポジションを市場で確立すれば、その地位を持続できると保証されるわけではない。ハイパーコンペティションの時代では、いったん確立された競争優位は、すぐにキャッチアップされ、差異は解消されるので、つねに新たな差異を生み出す仕組みを構築する必要がある[3]。そこで、クリス・ズック＝ジェームズ・アレンの議論に基づいて、差別化された地位を持続させるためには、どのようにして、ビジネスモデルを確立し、進化させる必要があるかを論じる[4]。

第 2 章　差別化戦略

　第1章で論じたように、戦略の本質は差別化にあり、差別化が競争優位を生み出す源泉となっている。製品あるいはサービスの差別化に成功するだけでなく、競合他社と比較しても遜色のない効率的な仕組みを構築できれば、高い収益を生み出すことができる。また、差別化を高度化させることに成功すると、競争優位性は向上する。高い業績を維持する企業は、明確でわかりやすい差別化を戦略の中心に据え、戦略的な差別化を実現している。

差別化の弱体化

　しかし、差別化は時間とともにその力が失われる傾向にある。なぜであろうか。もちろん、競合他社によって効果が低下する外部的原因も作用する。しかし、ズック＝アレンは、しばしば、本質的な問題は、内部にあることが多いと指摘している。差別化を成功させることによって成長を続けると、結果として企業の複雑性が高まる。具体的には、成長を志向すると、製品の数が急激に増加する。また、企業買収などによって多角化を図ると、自社のコア事業から離れた事業を内部に抱え込むことになる。複雑性が高まっていくと、自社のコアに何があるのか、何を得意にしているのかが見えにくくなる。その結果、自らの差別化のコアがどこにあるかが見失われる。

　こうした複雑化に対応して、企業は差別化のコアを明確にし、それらを戦略の中心に据え、成長を続けることができるように、自社の土台を成す差別化を絶えず強化し、強みから強みへと渡り歩くことが必要になる。そのために、ズック＝アレンは、差別化を持続させる仕組みとして、独自のビジネスモデルを構築することを提案している。

差別化要因を特定する

　差別化を行う方法は多様に存在する。実際、ズック＝アレンの調査によって、差別化に寄与する250種類以上の資産やケイパビリティが特定されている。それらは、差別化要因は管理システム、オペレーション上のケイパビリティ、独自資産という3つの大グループに分類され、さらにそれぞれが5つのカテゴリ

31

第1部　基本戦略

ーに分割されることで、15の差別化マップが作成される。これらの15のカテゴリーをいくつか組み合わせることで、多様な差別化が可能になる。特に、高い業績を維持している企業は、システムとして機能し、互いに補強し合うような、鮮明で確固たる形の少数の差別化を土台に、自社の戦略を構築しているという。

差別化要因を評価する

　しかし、問題なのは、成長のプロセスの中で、差別化の源泉として何が最も強力であるかが見失われてしまうことにある。つまり、差別化のコアが何であるかに関して社内で合意が形成されていないということが発生する。このような明確性の欠如が組織全体に広がり、その結果、社員の多くが自社の差別化要因をはっきりと理解していないということが起きる。「差別化を明確にし、それをどこに適用することができるか、そして、それをどのように発展させなければならないかについて理解し、合意を形成すること」ができなければ、戦略を持続的に成功させることが困難になる[5]。

　ズック=アレンは、重要な差別化要因を検討する基準としては、以下の5つを挙げている。

① 本当に独自性があるのか
② 競合他社と比較することができるのか
③ コア顧客に対して提供しているものと関連性があるのか
④ 互いに補強し合っているのか
⑤ 社内のあらゆるレベルで明確であるのか

　こうした基準に基づいて、第1に、差別化の源泉を明確にし、組織の誰もが理解し、取り入れられるルーチンや行動、活動システムに変換し、譲れない原則に落とし込むことが必要になる。第2に、最初の成功へと導いた差別化をいかに維持すべきかを理解することで、ビジネスモデルを構築し、進化する堅牢な学習システムを作ることが重要である。

　再現可能な差別化は、譲れない原則と堅牢な学習システムによって実現していくものの、もし、それを維持し守る強力な経営陣が存在しなければ、最終的

第 2 章　差別化戦略

に差別化はその力を失い、崩壊する可能性すら含んでいるという。

ケースを分析する視点

　以上がポーターによる差別化に関する理論とズック＝アレンによる差別化戦略をビジネスモデルに落とし込み、持続的に成長を続けるための理論の概要である。これらの理論が内包するインプリケーションを理解するために、差別化戦略を採用するケースとして良品計画を取り上げる。差別化戦略の理論を深めるとともに、ケースを分析するために、以下の4つの疑問を提示する。

　Q1　差別化を成功させるコアの要因はどのようなものか。

　Q2　成長する中で、なぜ、差別化のコアが不明瞭になってしまうのか。

　Q3　差別化を中核にし、持続的な成長を可能にするビジネスモデルはどのようなものか。

　Q4　差別化戦略を基本戦略にしつつ、どのような成長戦略が採用されているか。

■ ケース：良品計画

企業の概要

　良品計画は、「無印良品」というブランドを中心にして企画開発・製造から流通・販売までを行う製造小売業であり、衣料品、家庭用品、食品など日常生活にわたる商品について約8,000アイテムを取り扱っている[6]。2017年度2月期の営業収益3,328億8,100万円、営業利益382億7,800万円、国内418、海外403、合計821店舗を展開している[7]。図表4（本書39頁）のように、東アジアを中心に、特に、中国には海外店舗数の半分に当たる200店舗を展開し、海外売上高比率35.3％で、グローバルブランドとしてその存在感を高めつつある[8]。

第1部 基本戦略

無印良品の誕生

無印良品は、1980年12月に総合スーパー西友のPBとして誕生した。日用生活雑貨9アイテム、食料31アイテムで合計40アイテムからのスタートであった。西友220店舗の食品・日用雑貨売場でコーナー展開され、グループ会社である西武百貨店と提携店14店舗、ファミリーマート6店舗で販売された。当時、総合スーパーでは良いものをより安く提供しようということから、PB開発が盛んに行われていた。例えば、ダイエーは1978年にノーブランド、その2年後にはSAVINGSをスタートさせた。西友はPB開発についてやや出遅れていたこともあり、競合他社と差別化を図るために異なるコンセプトを練っていた[9]。

無印良品とは何か

無印良品は「わけあって、安い」という広告コピーでデビューし、そのボディコピーには「ブランド名や包装に頼らず、モノを選び取る。それは、たくましい生き方に結び付く、大切な視点だと思います」とあり、ライフスタイルの提案をブランドコンセプトに設定した。そこには、ラグジュアリーブランドを否定するアンチブランドとして、過剰で華美な豊かさとファッション性に抵抗する反体制商品という意味が含まれていた[10]。無印良品の商品開発と生産の根底には、①素材の選択、②工程の点検、③包装の簡略化がある。つまり、生産のプロセスや包装の合理化を図り、無駄を省略することで、良品を安く提供しようとするという価値提案がおかれている[11]。

無印良品では、このコンセプトを守るために、社内の最高意思決定機関である商品戦略委員会で商品企画が承認されるだけでなく、外部のデザイナーやクリエーターによって構成されるアドバイザリーボードによる商品判定会の最終チェックを受ける。「無印良品とは何か」という本質がつねに問い直されることで、ブランドの価値を守る仕組みを構築してきた[12]。

第 2 章 差別化戦略

自立と急激な成長

　1983年に、無印良品のブランドコンセプトを内外にアピールするために、独立ショップである「無印良品青山」をプロトタイプ店として出店した[13]。西友のPBとして、スーパーマーケットやグループ会社での商品展開から脱却し、企業が提案するブランドコンセプトと顧客が受け取るブランドイメージを一致させるために、ブランド価値を伝達する直営店を中心に店舗展開することに舵を切った。この方向性を確立するために、1985年には、西友の社内に無印良品事業部が創設された。その後、1989年には、西友から分離され、株式会社良品計画として独立を果たした。1995年には、株式の店頭登録をし、1998年には東証第2部に上場し、2000年には東証第1部に指定替えされた[14]。こうして、無印良品のブランドコンセプトが消費者に受け入れられ、資金も潤沢になったこともあり、さらに出店を加速することになった。

　1990年代に入ると、良品計画は、1990年度から1999年度まで売上高245.1億円から1,066.9億円へと、約4.4倍に急成長した。また、1990年代には、店舗の大型化を図るとともに、出店依頼も増えて、SC（ショッピングセンター）への出店が増加した。店舗規模に合わせて、アイテム数を増やす必要があり、2000年度には4,000アイテム以上まで急増した。さらに、1991年には、出店は国内だけでなく、ロンドンへと海外出店も行われた[15]。

成長のひずみ

　しかし、急速に事業が拡大する中で、同時に大きなひずみが生まれることになった。2001年2月期決算で初めて経常減益となり、しかも2ケタ台の大幅減益を経験した。このとき、良品計画にいったい何が起こっていたのであろうか。

　第1に、店舗の大型化に対応するために、アイテム数を急激に増加させた結果、必ずしもブランドコンセプトに合致しない商品をリリースすることになり、ブランドの弱体化を引き起こした。例えば、競合他社の売れ筋商品のデザインを模倣し、従来はモノクロとナチュラルカラーだけであったにもかかわらず、

35

原色を取り入れたために、無印良品らしさが失われ、顧客ロイヤリティを低下させた。

第2に、出店依頼が多く入り、急激に多店舗化を進めたものの、明確な出店を判断する基準もなく、安易に出店が行われ、既存店と競合することが起きた。また、店舗レイアウトも店長に任され、ばらばらになり、店舗の統一感を失うことで、ブランドイメージを希薄化させた。さらに、各商品カテゴリーにおいて競合他社が無印良品をベンチマークし、商品開発力を高めて、低価格で攻勢を強めていた。競合企業としては、家具ではニトリ、日用品では100円ショップのダイソー、衣料ではユニクロなどが挙げられる。ブランドイメージが揺らぐ中で、価格攻勢をかけられ、その対応で価格の値下げを行ったことで、傷口を広げることになった[16]。

第3に、海外展開については、無印良品のブランドコンセプトはヨーロッパで高く評価され、シンプルで無駄のないデザインは人気があり、ジャパネスクとして受け入れられた。しかし、パートナーとの関係がうまくいかず、あるいは、賃料の高いエリアに出店したことで赤字が累積した。また、物流体制も整備されていないこともあり、欧州では縮小、アジアでは完全撤退を強いられた。

第4に、これまで良品計画の経営を強力なリーダーシップで引っ張ってきた実質的な創業者である木内政雄氏が退任した。カリスマリーダーへの依存が強く、組織的な体制が十分に構築されていなかったために、経営の継承の中で混乱が発生し、経営危機を招来した[17]。

経営改革の取組み

2001年、新たに就任した松井忠三社長は、全国を飛び回り、直営店を訪問し、店長と話し合いをもち、経営改革に取り組んだ。業績悪化の原因として、内部要因が主であり、①社内に蔓延する慢心、おごり、②急速に進む大企業病、③焦りからくる短期的な対策、④ブランドの弱体化、⑤店舗開発戦略の間違い、⑥仕組みと風土をつくらないままの社長交代、⑦モノづくり発想の揺らぎ、外部要因では、⑧ユニクロやダイソーなどの競合他社の台頭にあると分析し

た[18]。その上で、ビジネスプロセスの改革、現存店営業力の活性化、賃料の適正化、人事・教育、顧客管理の一元化、欧州事業の再建、ブランディングの8つの経営改革プロジェクトを立ち上げた。その中心にあるのは、無印良品の本質であるブランドの立て直しである。

第1に、本来のブランドコンセプトに立ち返って、商品開発を行う体制を構築した。オブザベーションという手法を取り入れ、顧客が商品を実際にどのように使っているのかを研究する中で、商品開発を進めた。また、無印良品に共感する世界的なデザイナーとコラボレーションを行い、匿名で商品開発してもらう「ワールドムジ」という取組みも始めた。さらに、世界各国、地域で使用されている商品を発掘し、素材やデザインなどを生かし、商品化を進める「ファウンドムジ」を行った。

第2に、店舗開発の明確な出店基準を設定し、さらに迅速に意思決定ができるように、決定プロセスを見直した。また、国内外ともに黒字化を図るために、賃料をコントロールし、デベロッパーやオーナーとの交渉を行い、売上に連動する賃料の設定などを可能にした。さらに、店舗をどのようにレイアウトするか、明確な基準を設定すること、ビジュアル・マーチャンダイジングの方法を取り入れ、店舗で無印良品らしさを顧客に伝えるための取組みを実施した。

第3に、これまで明確でなかったオペレーションを標準化し、合理化するために、ムジグラムというマニュアルを導入した。当時、しまむらの社長であった藤原秀次郎氏を社外取締役として招聘し、その方法論を学習し、積極的に取り入れた。販売管理費をコントロールするために、30%委員会を設定し、業務プロセスを徹底的に見直し、無駄をはぶき、合理的な仕組み作りを目指した。

以上のような経営改革を通して、図表1のように、良品計画はいわゆる製造小売のビジネスモデルを活用し、ブランドコンセプトを体現する商品を生み出すことで高い粗利率を実現する体制を整えた。それと同時に、しまむらのようなローコストオペレーションの仕組みを取り入れることで、コストコントロールに成功している。また、ブランドコンセプトを守りつつ、店舗の大型化にと

●図表1　良品計画のビジネスモデル

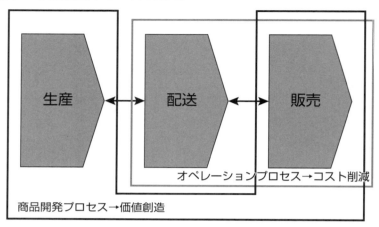

出典：筆者作成

●図表2　「無印良品」の商品ライン別アイテム数

	2015年2月期	2016年2月期	2017年2月期
衣服・雑貨	2,434	2,178	2,082
生活雑貨	5,498	5,467	5,328
食品	530	510	519
合計	8,462	8,155	7,929

出典：『DATABOOK　平成28年3月1日〜平成29年2月28日』
http://v4.eir-parts.net/v4Contents/View.aspx?template＝ir_material_for_fiscal_ym&sid＝36854&code＝7453

もなうアイテム数の増加にも対応できる体制を構築することができるようになった。その結果、図表2のように、衣服・雑貨、生活雑貨、食品という3つの商品ラインの中で約8,000点のアイテムを投入し、図表3のような商品ラインのポートフォリオを組み立てている。

　さらなる成長に向けて

　差別化を持続させるビジネスモデルを確立した良品計画は、グローバルに店

第 2 章　差別化戦略

●図表３　商品ライン別売上高シェア（％）

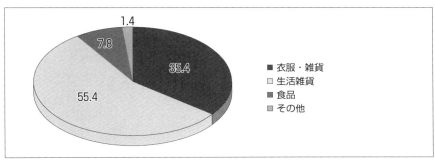

出典：『DATABOOK　平成28年3月1日～平成29年2月28日』
　　　http://v4.eir-parts.net/v4Contents/View.aspx?template=ir_material_for_fiscal_ym&sid=36854&code=7453

舗を展開することと多角化を組み合わせることを成長のドライバーにしている。2021年に海外店舗を６割増となる640店程度に増やす計画である。2017年７月には海外の店舗数は423店となり、国内と初めて逆転している。中国ではすでに50都市に進出し、200店舗を展開しているが、経済規模から見ると出店余地は十分にあると考えられる[19]。また、主要国で旗艦店を拡大し、国内店舗についても郊外店を中心に大型化を図り、500坪クラスの店舗を100店舗に増加させ

●図表４　地域セグメント別売上高比率（％）

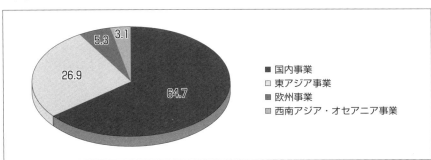

出典：『DATABOOK　平成28年3月1日～平成29年2月28日』
　　　http://v4.eir-parts.net/v4Contents/View.aspx?template=ir_material_for_fiscal_ym&sid=36854&code=7453

ることを2017年から2020年度の中期経営計画の目標としている。

　さらに、多角化については、店舗との相乗効果を高めることが期待されている。良品計画はカフェ＆ミールムジなどの飲食店を国内25店、中国本土と香港に9店出しているが、上海旗艦店にカフェ＆ミールムジを改装する形で多国籍料理店ムジダイナーを開店する。加えて、MUJIHOTELを国内では銀座で、海外では北京や深圳でオープンする計画を打ち出し、ホテルや旅行関連も充実を図ることでMUJIの価値観を伝えることを意図している[20]。

●図表5　良品計画のグローバルブランドのデザイン

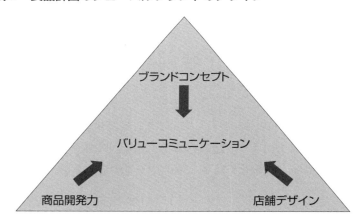

出典：筆者作成

第 2 章　差別化戦略

■ まとめ

　ケースをサマリーすると、良品計画の差別化の根幹には、強力なブランドコンセプトがあり、それを体現する商品があった。しかし、成長する中で、その価値が希薄化し、経営危機を迎える結果になった。持続的な成長のためには、理論でも論じられていたように、その価値を伝える仕組みをビジネスモデルとして確立し、さらに、進化をさせる必要があった。図表5のように、経営改革に取り組んだ良品計画は、ブランドコンセプト、商品開発力、店舗デザインを三位一体化させ、バリューコミュニケーションを強化し、海外展開も軌道に乗せ、グローバルブランドへの道筋を確立した[21]。

　ケースを分析するために設定した4つの疑問からケースをレビューする。

Q1　差別化を成功させるコアの要因はどのようなものか。

　　良品計画は明確なブランドコンセプトを顧客に提案することで、差別化を図り、その価値を体現する商品を開発し、直営店を中心にそれらの商品を展開することで、ブランドイメージを確立し、急激に成長することに成功した。

Q2　成長する中で、なぜ、差別化のコアが不明瞭になってしまうのか。

　　急激に成長する中で、ブランドイメージに合致しない商品が開発され、急速な多店舗化によって統一感のない店舗開発が行われたために、ブランドイメージは拡散し、さらに、規模の拡大に対応する組織づくりを怠ることで、収益を悪化させる事態に陥った。

Q3　差別化を中核にし、持続的な成長を可能にするビジネスモデルはどのようなものか。

　　経営の立て直しのために、ブランドの本質に立ち返った商品開発を行い、ブランドイメージを浸透させる店舗開発を志向した。さらに、事業展開を支えるオペレーションを見直し、合理的で効率的なビジネスモデルを構築した。

41

第 1 部　基本戦略

Q4　差別化戦略を基本戦略にしつつ、どのような成長戦略が採用されている
　　か。

　「無印良品」というブランドで差別化することを基本戦略とするビジネス
モデルを持続させる仕組みを確立すると、成長戦略の軸をグローバル化に定
めている。店舗展開については、海外では旗艦店、国内については郊外店を
中心に大型化を進めることで、規模の拡張を図っている。また、店舗とのシ
ナジーを生み出す飲食店事業などの多角化が組み合わされている。

注

1　ケースの記述は、良品計画のホームページの公開情報（https://ryohin-keikaku.
　 jp/）と以下の文献に依拠している。渡辺米英『無印良品の改革』商業界、2006年、
　 渡辺米英『無印良品　世界戦略と経営改革』商業界、2012年、日経デザイン編『無
　 印良品のデザイン』日経BP社、2015年、日経デザイン編『無印良品のデザイン2』
　 日経BP社、2016年、松井忠三『無印良品は仕組みが9割』角川書店、2013年、松
　 井忠三『覚悟さえ決めれば、たいていのことはできる』サンマーク出版、2015年、
　 Isomura, K. and Huang, P.-Y., "MUJI's way to build a global brand: integrating
　 value communication into product and store development", *Strategic Direction*,
　 Vol. 32, No. 4, 2016.
2　マイケル・ポーター『新訂　競争の戦略』ダイヤモンド社、1995年。
3　Richard A. D' Aveni & Robert Gunther, *Hyper-competition: Managing the
　 Dynamics of Strategic Maneuvering*, The Free Press, 1994、リタ・マグレイス『競
　 争優位の終焉』日本経済新聞出版社、2014年。
4　クリス・ズック＝ジェームズ・アレン「差別化のビジネスモデル」『DIAMOND
　 ハーバード・ビジネス・レビュー』2012年3月号、クリス・ズック＝ジェームズ・
　 アレン『Repeatability リピータビリティ 再現可能な不朽のビジネスモデル』プレ
　 ジデント社、2012年。
5　クリス・ズック＝ジェームズ・アレン「差別化のビジネスモデル」『DIAMOND
　 ハーバード・ビジネス・レビュー』2012年3月号、123ページ。
6　『DATABOOK　平成28年3月1日～平成29年2月28日』（http://v4.eir-parts.net/
　 v4Contents/View.aspx?template=ir_material_for_fiscal_
　 ym&sid=36854&code=7453）。

7 『アニュアルレポート 2017』（http://v4.eir-parts.net/v4Contents/View.aspx?template=ir_material_for_fiscal_ym&sid=39948&code=7453）。

8 『DATABOOK 平成28年3月1日～平成29年2月28日』（http://v4.eir-parts.net/v4Contents/View.aspx?template=ir_material_for_fiscal_ym&sid=36854&code=7453）。

9 渡辺米英『無印良品の改革』商業界、2006年、渡辺米英『無印良品 世界戦略と経営改革』商業界、2012年、日経デザイン編『無印良品のデザイン』日経BP社、2015年、深澤 徳『思想としての無印良品』千倉書房、2011年、延岡健太郎、鷲田祐一、木村めぐみ「インタビュー 深澤直人」『一橋ビジネスレビュー』2015年春号。

10 金井政明「インタビュー 無印良品の引き算のイノベーション」『DIAMONDハーバード・ビジネス・レビュー』2015年6月号、田中一光「無印良品考」『デザインと行く』白水社、1997年、堤 清二・三浦 展『無印ニッポン』中央公論社、2009年、西川英彦「無印良品の誕生」『一橋ビジネスレビュー』2015年夏号。

11 『株式会社良品計画 企業情報 無印良品について』（https://ryohin-keikaku.jp/ryohin/）。

12 日経デザイン編『無印良品のデザイン』日経BP社、2015年。

13 杉本貴志「無印良品からMUJIへ」『無為のデザイン』TOTO出版、2011年。

14 『株式会社良品計画 企業情報 沿革』（https://ryohin-keikaku.jp/corporate/history/）。

15 渡辺米英『無印良品の改革』商業界、2006年、渡辺米英『無印良品 世界戦略と経営改革』商業界、2012年。

16 渡辺米英『無印良品の改革』商業界、2006年、渡辺米英『無印良品 世界戦略と経営改革』商業界、2012年、松井忠三『無印良品は仕組みが9割』角川書店、2013年、松井忠三『覚悟さえ決めれば、たいていのことはできる』サンマーク出版、2015年。

17 渡辺米英『無印良品の改革』商業界、2006年、渡辺米英『無印良品 世界戦略と経営改革』商業界、2012年、松井忠三『無印良品は仕組みが9割』角川書店、2013年。

18 良品計画の経営改革については、以下の文献を参照のこと。松井忠三『無印良品は仕組みが9割』角川書店、2013年、島貫智行「良品計画 仕組みづくりと企業風土の熟成を通じた経営の革新」『一橋ビジネスレビュー』2013年夏号。

19 「無印良品、中国で大量出店」『日本経済新聞』2017年4月6日、「海外でMUJI稼ぐ」『日経MJ流通新聞』2017年7月26日。

20 「中国に『無印』ホテル 小田急、良品計画と組む 訪日喚起」『日本経済新聞』2016年10月28日、「『無印』ホテル国内初進出」『日本経済新聞』2017年7月6日、「我が社の海外戦略 良品計画 中国軸に拡大」『日本経済新聞』2017年8月8日。

21 原研哉「なにもないがすべてである」『デザインのデザイン』岩波書店、2003年。

第3章 模倣戦略

■ はじめに

第1章、第2章では、基本戦略としてコストリーダーシップと差別化を取り上げた。第1章でも論じたように、戦略の本質は差別化にあり、コストリーダーシップは価格による差別化、いわゆる差別化は価格以外による差別化であることを指摘した。しかし、差別化が持続的であれ、一時的であれ、いつかは解消される可能性を含んでいる。したがって、差異の創造、拡大だけでなく、差異の解消である模倣についても考察を深め、差別化と模倣のダイナミズムから戦略を論じる必要があると思われる。業界の中で防衛可能な地位を築き、競争を規定する要因に対処しつつ、投資収益を高めるために、企業が攻撃的、防衛的なアクションとしてどのように模倣を体系的に活用しているかを考える。

本章では、模倣戦略の重要性を主張するオーデッド・シェンカーの理論を中心に取り上げ、その概要を解説する[1]。シェンカーは、ネガティブに受け止められる模倣の意義をポジティブに認識するだけでなく、戦略として体系的に論じる必要性を指摘している。ケースとしては、日本型LCC（low cost carrier）の確立をめざすピーチ・アビエーション（以下「ピーチ」という。）を取り上げる[2]。LCCのビジネスモデル自体は、サウスウェスト航空が確立して以降、ヨーロッパでライアンエアやイージージェットによって、アジアでエアアジアなどによって移植され、模倣されてきた。しかし、実際には、市場環境に適応し、学習を通じて、それぞれ独自のモデルとして進化を遂げている。日本において、LCCの後発参入者として、ピーチがどのようなモデルを構築しているかを考察する。

第 3 章　模倣戦略

■ 理論：模倣戦略

模倣とイノベーション

イノベーションの重要性が強調される一方で、模倣者が先行者を追い越し、成功している事例も多く存在する。実際、スティーヴン・P・シュナースは、後発ブランドが先行ブランドを追い越す事例をそのプロセスを含めて、詳細に分析している[3]。また、イノベーターとして理解されている企業が実は模倣者として先行者にキャッチアップし、先行者を駆逐し、イノベーターとして認識されていることも少なくないという。後述するように、ウォルマートやアップルは、イノベーションと模倣を巧みに融合させている。

シェンカーによると、模倣はイノベーションと同じぐらい重要であり、製品、プロセス、慣行、ビジネスモデルに至るまで模倣の対象になっている。また、模倣には幅があり、完全コピーからアイデアを取り入れ、改良された中間的なものまで広がりがある。模倣のスピードはイノベーションのスピードに勝るとも劣らないペースで加速している。したがって、模倣はイノベーションの対立概念ではなく、密接に結びついているので、戦略として捉える必要があるという。

模倣戦略の有効性

シェンカーは、以下のように、模倣戦略の有効性を指摘している。まず、模倣戦略の強みとしては、イノベーター、パイオニアがすでに投資し、事業や市場を開拓しているので、それにフリーライドすることでマーケティングコストを抑えられる。また、開発された技術を借用するので、研究開発コストを節約できる。さらに、先行者の欠点を学ぶことができるので、改善、改良を重ねて製品やプロセスを進化させることも容易になる。こうした結果、イノベーターは自ら起こしたイノベーションの現在価値の一部しか獲得することができず、

45

第 1 部　基本戦略

追随者は遅れを一挙に取り返し、リープフロッグ型のアプローチを実現する。

　このように、模倣戦略がもたらす競争上の効果として、差別化を無力化させ、コスト競争に転換させることで、競争の性格を変化させる。セオドア・レビットも指摘するように、新しい製品やサービスの開発スピードと消費サイクルが速くなるにしたがって、模倣を差別化としてのイノベーションとバランスさせ、リバース・エンジニアリングを計画的に実施できる仕組みを構築することが重要になる[4]。

模倣をどのように活用するか

　シュナースによると、イノベーターが製品を市場に出すまで、市場に出てから商業的に成功するまでにギャップがある。そのため、改善、改良に成功する企業やコスト競争に優位性をもつ後発の大企業によって市場を奪われるパターンがしばしばみられるという。また、コンスタンチノス・マルキデス＝ポール・ジェロスキーも経営資源で優位性を有する大企業が製品やサービスを改良し、新規市場がマスマーケットに転換するタイミングで本格的に市場へ参入することで、市場の支配を図ろうとすることを論じている[5]。

　シェンカーは、模倣が促進される環境があり、製造についていうと、バリューチェーンのモジュール化が進むことで、模倣は迅速化し、低コスト化していると指摘する。併せて、ITを活用し、グローバル事業を展開するために、知識の形式化が進んでいることも、こうした流れを促進しているという。模倣の流出経路としては、提携や人材流出が挙げられる。また、シリコンバレーにイノベーションクラスターが形成されるように、新興国ではイミテーションクラスターが作られ、情報共有が模倣を容易にしている。さらに、模倣に対する防御体制も弱体化し、ブランド力の低下はプライベートブランドの隆盛を招き、新興国の圧力で法的保護にも制約が課されつつある。

46

第 3 章　模倣戦略

模倣に関する様々なアプローチ

　シェンカーは、模倣のアプローチには、複製、既存モデルの拡張から差別化、移植、再結合まで様々な種類がある、としている。代表的な事例としては、サウスウェスト航空のビジネスモデルのヨーロッパへの移植がある。ライアンエアやイージージェットはサウスウェスト航空のハーバート・ケレハーからも完全移植に成功していると評価されている。また、ウォルマートは、イノベーターのように理解されているが、業界で取り入れられたアイデアをいち早く取り入れ、改善を図り、モデルの拡張を実現している。さらに、アップルはアセンブリーイミテーションの達人で、偉大な先人たちによってすでに発明された既存の技術や素材を使い、それらを再結合し、新しい技術を生み出している。

　もちろん、多くの企業が模倣に取り組むが、すべてが成功しているわけではない。模倣を実現するためには、必要な能力とプロセスがある。例えば、他社の優れた技術を受け入れる文化をもち、業界に縛られることなく、優れた見本を見つけ、ベンチマークできる能力が必要である。また、モデルを徹底的に研究し、絶えずアイデアを収集し、取り入れるプロセスを自社の活動としてルーチン化することも求められる。さらに、表層的な模倣にとどまることなく、脈絡を読み解き、モデルの中にある因果関係を理解した上で、実際に実践に移すことも重要である。

模倣戦略を体系化する

　模倣を戦略として体系化するためには、①どこを模倣するか、②何を模倣するか、③誰を模倣するか、④いつ模倣するか、⑤どのように模倣するかに関するノウハウを蓄積する必要がある。模倣の対象としては、法的規制の弱いもの、コモディティ化したもの、ビジネスモデルなどを挙げることができる。また、複数のモデルから必要なものを適切に選択することも大切になる。特に、模倣のタイミングは重要性が高く、ファストセカンドとして二番手戦略を実行する

第 1 部　基本戦略

ためには、高い複製能力を形成することが必要である。カムフロムビハインド
を戦略として採用する場合には、製品を改善し、プロセスを改良することで、
モデルを拡張し、差別化を行う能力が求められる。

模倣からイノベーションへ

実際、イノベーションと模倣の境界は、思っている以上にあいまいであり、
オリジナルに埋め込まれた因果関係を読み解いて、新しいコンテストに適合す
るものを生み出すことには高い能力が必要となる。また、異なる業界から模倣
されても取り入れた業界で初めてであれば、イノベーションとして認められる[6]。
イノベーション自体が模倣と学習の積み重ねから生まれるものである。実際
には、イノベーターと認識されている企業の多くは、既存の技術や製品をベー
スに新しい価値を生み出している。したがって、シェンカーは、イミテーショ
ンからイノベーションを生み出す企業をイモベーターと呼んでいる。また、レ
ビットは製品開発について模倣製品の計画および創造の積極的アプローチをイ
ノベーティブ・イミテーション戦略と呼んでいる。

ケースを分析する視点

以上がシェンカーの主張する模倣戦略の概要であり、イノベーションと模倣
の融合、そのダイナミズムという観点から競争戦略を考える必要性を論じてい
る。続いて、模倣戦略の理論的な意義を検討するために、LCCのビジネスモ
デルの移植を図りつつ、その進化を模索するピーチをケースとして取り上げて
検討する。理論の有効性を考察するために、以下の4つの疑問を設定しておく。

Q1　LCCのビジネスモデルのうち、どの部分を取入れ、模倣している
　　か。

Q2　なぜ、模倣できることとできないことが生まれるのか。モデルを移
　　植する経営環境の影響をどのように評価すべきか。

Q3　独自の改善や改良をどのように加えているか。そのことによってど

のようなビジネスモデルを構築しているか。
Q4　どのような基本戦略を採用しているか。また、成長のドライバーとしてどのような戦略を活用しているか。

■ ケース：ピーチ・アビエーション

企業の概要

ピーチは、2012年3月に日本初のLCCとして関西国際空港で就航を開始した。この年は、ジェットスター・ジャパン、エアアジア・ジャパンも成田国際空港を拠点にして、就航を開始したために、2012年は日本のマーケットにおいてはLCC元年と呼ばれる。しかし、2013年6月には早くもエアアジア・ジャパンは全日本空輸との合弁を解消し、バニラエアへと転換された。図表1のように、

●図表1　ピーチの営業収入と営業利益の推移（単位：億円）

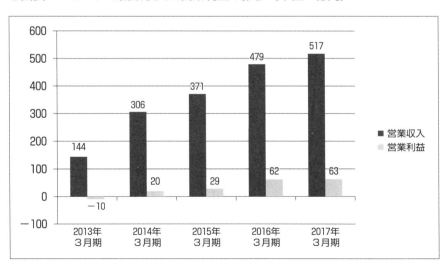

出典：Peach Aviationのプレスリリース『平成29年3月期決算について』、『平成28年3月期決算について』、『平成27年3月期決算について』、『平成26年3月期決算について』より筆者作成

ピーチは順調に業績を伸ばし、就航して以降、3年で単年度黒字を達成し、すでに累損損失も一掃している。2017年3月期の決算では、売上高517億円、営業利益63億円、営業利益率12.2%を上げている。現在、国内線15路線、国際線15路線を運航し、A320-200を19機保有し、2018年度末までには23機体制に移行する計画である。

　当初は、関西国際空港を拠点としていたが、2014年に那覇空港を拠点化した。続いて、2017年9月に仙台空港を、2018年度には新千歳空港を拠点化する計画で、着々とネットワークを拡大し、運航体制を強化している[7]。資本構成については、ANAホールディングス38.7%、ファーストイースタンアビエーションホールディングス33.3%、産業革新機構28.0%の持株比率であった。しかし、2017年4月、ANAホールディングスが両社から株式を取得し、67%を保有することになり、持分適用会社から連結子会社化されることになった[8]。2018年4月では、ANAホールディングス77.9%、ファーストイースタンアビエーションホールディングス7.0%、産業革新機構15.1%となっている。

業界の動向

　日本では2012年がLCC元年といわれているが、LCCの元祖であるサウスウェスト航空をモデルにして、日本にLCCのビジネスモデルを導入しようとする動きは早くからあった。実際、1996年に大手旅行会社、H.I.S.の澤田秀雄氏らの出資で、スカイマークエアラインズ（2006年「スカイマーク」に商号変更）が創設され、同年には北海道を拠点にエアドゥが参入した。1997年には、スカイネットアジア航空が宮崎を拠点に、さらに、2002年には、スターフライヤーが北九州空港を拠点に参入し、次々と和製LCCを目指した。

　しかし、こうした新興航空会社は、全日本空輸、日本航空という大手航空会社からの攻勢にさらされ、エアドゥ、スカイネットアジア航空、スターフライヤーともに全日本空輸から出資を受け入れ、グループ会社に組み入れられている。また、独立の第3極として期待されたスカイマークは、2015年に経営破綻し、投資ファンドのインテグラル、全日本空輸などから出資を受けて、再生に

第 3 章　模倣戦略

取り組んでいる。

LCCのビジネスモデル

　LCCのビジネスモデルは、サウスウェスト航空が生み出したものであるが、その基本的なビジネスモデルをみておこう[9]。
- ①　ハブ空港をもたず、2都市間を結ぶ直行便路線に重点を置く。
- ②　燃料効率の高い737型機のみに絞り込む。
- ③　低額運賃制度の活用と増便により乗客数の確保を図る。
- ④　ファースト、ビジネスクラスはなく、1路線につき通常料金と閑散期運賃の2本立てとシンプルにし、同一州内同一運賃の設定に努める。
- ⑤　業務の簡素化として機内食を提供しない。
- ⑥　予約指定をせず、搭乗パスは再利用する。
- ⑦　低コスト化で格安運賃を可能にする。
- ⑧　時刻どおりの運航を提供する。
- ⑨　飛行回数をベースにしたラピッド・リワード・カードを発行する。

　このように、サウスウェスト航空は、650kmほど離れた2都市間を約1時間で飛びたいと考える人々をコアターゲットとし、低運賃路線の多様さと便数の多さで、顧客に経済性と利便性を提供することを顧客価値にしている。また、効率よく飛行機を飛ばすために、混雑する空港を回避し、しかも第2空港はしばしば市街に近いこともあり、ビジネス客には利便性が高い。想定される競合他社は、長距離バスや自動車利用とされる。

基本戦略

　ピーチは、LCCということもあり、その基本戦略は、コストリーダーシップである。ピーチの運賃は大手のエアラインと比較すると、大阪から札幌間で約3分の1、大阪〜沖縄間だと約2分の1になっている。顧客層をみると、20代、30代が半分を占め、女性が55％で男性が45％を構成している。国際線の外

51

第1部　基本戦略

国人比率は7割で、インバウンド（訪日外国人）の急増に対応している。このように、コアターゲットは、これまで飛行機を利用していなかったレジャー客や若い年代層と定め、低運賃によって新規需要を掘り起こしている。

　図表2と図表3のように、実際、LCCを利用する年代層と利用目的という観点からみると、的確にコアターゲットを取り込んでいると評価できる。また、図表4のように、国内線におけるLCC旅客数シェアは順調に伸びていて、座席キロベースでのLCCシェアが北米では30％、ヨーロッパでは39％であることを考えると、今後も成長の余地をもっている。

●図表2　LCC利用の年代別シェア

年齢	～19	20～29	30～39	40～49	50～59	60～69	70～
LCC	7%	24%	20%	19%	16%	12%	3%
FSA	6%	11%	17%	22%	22%	16%	6%

LCC：low cost carrier、FSA：full service airline
出典：国土交通省航空局監修『数字でみる航空』航空振興財団、2016年

●図表3　LCCの利用目的別シェア

目的	観光	私用（帰省等）	仕事	その他
LCC	44%	33%	17%	6%
FSA	33%	17%	44%	5%

LCC：low cost carrier、FSA：full service airline
出典：国土交通省航空局監修『数字でみる航空』航空振興財団、2016年

●図表4　国内線におけるLCC旅客数シェア

	2012年 3～12月	2013年	2014年	2015年	2016年
国内線LCCシェア	2.4%	5.8%	7.6%	10.0%	9.7%

出典：国土交通省『我が国におけるLCC参入促進』http://www.mlit.go.jp/common/001179775.pdf

ビジネスモデルとそのコンセプト

　ピーチのビジネスモデルは、国内の新幹線や高速バスにおけるサービスをベンチマークし、「空飛ぶ電車」をコンセプトにする。すなわち、第1に、競合

第 **3** 章　模倣戦略

する LCC 他社には平均運賃で対抗する、第 2 に、座席を事前指定する場合、指定料金がかかる、第 3 に、飲料、軽食などはワゴンサービスで販売、第 4 に、オーディオやビデオのサービスはない、第 5 に、乗り継ぎ運賃はなく、荷物もその都度預け直す、第 6 に、マイレージ制度はない。基本的には、ノンフリル運賃という LCC のビジネスモデルを踏襲しつつ、コアターゲットを意識し、旅行のスタイルを変えることで、需要を掘り起こしている。また、カムフロムビハインドとして、日本のビジネス環境に適合させることを通して、差別化を図ろうとしている[10]。

ビジネスモデルの進化

井上慎一 CEO は、「LCC の世界で見れば、我々は出遅れた参入者でしかありません。この出遅れ者が、先人をコピーしてもダメに決まっています。差別化しなくては勝てません。」と述べている[11]。差別化のポイントとして、①安全運航と運航品質、②「空飛ぶ電車」モデルによるコスト・マネジメント、③ターゲットを明確にしたブランディング、④イノベーションを挙げている。具体的には、作業を簡素化してコストを下げるために、座席指定を行う方針を採用し、指定席の購入で収益を上げるとともに、指定しないものに対しては自動指定を行っている。また、チェックイン機は段ボールなどの素材を活用し、コストを削減しながらも、モニターを大きくすることで時間の短縮化を図っている。空港利用に不慣れな新規需要層もいるために、人員を配置することで、サポートし、顧客満足を高め、さらに、コアターゲットが観光客であることから、地域色のある食事を販売し、収益を伸ばしている。

また、井上 CEO は、LCC 就航だけがすべてではなく、関係するステークホルダーを巻き込んだ「The 関西モデル」の構築を提言している。つまり、自治体・関係団体、空港会社、公共交通機関、ピーチの 4 者が協力して地域活性化を図ることで、経済の拡張を目指している。ピーチが旅客数を増加させることで、旅客を引き込み、空港会社が LCC ビジネスモデルを理解した空港運営を行うことで、旅客を受け入れる。公共交通機関が空港アクセスを含む二次交通

第 1 部　基本戦略

●図表5　"The関西モデル"の概要

ピーチ	空港会社	公共交通機関	自治体・関係団体
・恒常的に多くのお客様をお連れする ・コストマネジメントへの取組み強化 ・収益向上への取組み強化	・LCCビジネスモデルを理解した空港運営	・二次交通（空港アクセスを含む）の拡充	・"The関西モデル"への投資 ・新規参入・増便への支援

出典：© Peach Aviation Limited-2015 All rights reserved

を拡充することで旅客を各地に運び、自治体・関係団体がこのモデルに投資し、新規参入・増便への支援をすることで、さらなる訪問者数を増加させる仕組みの構築を提案している[12]。

成長戦略とその課題

今後の成長戦略としては、アジアに拠点空港を設けることを検討している。つまり、アジアからのインバウンドの増加に対応することで、アジアを中心に伸びることが期待されるLCCへの需要の取り込みを図る。これに合わせて、航空機材については2020年度までに現在の2倍以上になる40機以上の体制を計画している[13]。

しかし、今後、LCCのモデルを日本に定着させるには、克服すべき課題も山積している。第1に、パイロット不足と空港の容量不足、第2に、空港へのアクセスの悪さ、第3には、地方自治体の協力体制の構築が必要である。こうした課題へ対応するためには、LCCのビジネスモデルをそのまま複製し、移植するのではなく、工夫を凝らしながら、モデルを進化させることが求められる。

また、ANAホールディングスによって、2017年4月に連結子会社化され、2018年3月にはLCC事業であるピーチとバニラエアの統合が発表された。

第 3 章 模倣戦略

　統合の目的は、国内における需要の開拓、旺盛なインバウンド需要の獲得を推進し、グループ2社の強みを融合させることで競争力を高めることにある。成長戦略としては、2020年を目途に中距離LCC領域に進出し、成長著しいアジアの需要を取り込むことを狙っている。

　これまでは、ピーチは、その独自性を生かすことで、成長を図ってきたが、今後は、規模を拡大する中で、さらなるコスト削減を図るとともに、アジアの競合他社に対してどのようにさらなる差別化を図っていくかが課題となる[14]。

■ まとめ

　ケースをサマリーすると、ピーチは、サウスウェスト航空、その後、ライアンエア、イージージェット、エアアジアが進化させてきたLCCのビジネスモデルを移植、模倣しつつ、日本のビジネス環境に適合させながら、独自のビジネスモデルへの進化を図っている。実際、大手のエアラインと資本提携し、同時に参入を図ったジェットスター・ジャパン、エアアジア・ジャパンとは対照的に、早くから黒字化を達成し、路線網を広げることでの規模の拡大を進めている。日本のビジネス環境では実現できない部分については、ステークホルダーとの協力を図ることで、その克服を目指している。

　ケースを分析するために設定した4つの疑問からケースをレビューする。

Q1　LCCのビジネスモデルのうち、どの部分を取入れ、模倣しているか。
　　ビジネスモデルの根幹にあるコスト・マネジメントについては、LCCの基本的な考え方を取り入れて、愚直に低コスト化の努力を積み重ねている。

Q2　なぜ、模倣できることとできないことが生まれるのか。モデルを移植する経営環境の影響をどのように評価すべきか。
　　日本の空港設備については、市街地に近いセカンダリー空港は限られているので、コスト削減のために、遠隔にある空港を活用している。これに対し

55

第1部　基本戦略

て、顧客の利便性を高めることを目的として、空港会社あるいは公共交通機関との交渉を行い、地域経済の活性化という視点からアライアンスの構築を図っている。

Q3　独自の改善や改良をどのように加えているか。そのことによってどのようなビジネスモデルを構築しているか。

　　オペレーションを効率化するために、座席指定を行う方針を採用し、指定席の購入で収益を上げるとともに、指定しないものに対しては自動指定を行っている。また、チェックインには空港利用に不慣れな新規需要層もいるために、人員を配置し、サポートを図ることで顧客満足を高めている。さらには、コアターゲットが観光客であることを考え、地域色のある食事を販売し、収益を伸ばしている。

Q4　どのような基本戦略を採用しているか。また、成長のドライバーとしてどのような戦略を活用しているか。

　　ピーチは、LCCのビジネスモデルを模倣することで事業をスタートさせている。そのビジネスモデルの根幹にはローコストオペレーションがあるので、コストリーダーシップを追求している。しかし、LCCの後発参入企業として生き残りを図るために、学習を通じて独自のサービスや仕組みを導入することで差別化を図っている。その上で、拠点空港を国内に着実に増やし、さらに、海外に拠点空港にまで広げることでネットワークを構築することで成長を志向している。

注

1　オーデッド・シェンカー『コピーキャット』東洋経済新報社、2013年。日本では、井上達彦『模倣の経営学』日本経済新聞出版社、2015年、井上達彦『模倣の経営学　実践プログラム版』日経BP社、2017年が模倣とイノベーションについて精力

的に取り組んでいる。

2　ケースの記述は、ピーチ・アビエーションのホームページの公開情報（http://www.flypeach.com/pc/jp）、ANAホールディングスのホームページ（https://www.ana.co.jp/group/）と以下の文献に依拠している。「インタビュー　井上慎一Peach Aviation（ピーチ・アビエーション）CEO　親しみ持てる格安航空に CEOと整備士が机を並べる」『日経情報ストラテジー』2012年10月号、「編集長インタビュー　物まねでは成長できない　ピーチ・アビエーションCEO最高経営責任者井上慎一氏」『日経ビジネス』2015年11月30日号、井上慎一『"The関西モデル"でみんなもうかりまっせ！〜仙台空港利用促進に向けて』（http://www.pref.miyagi.jp/uploaded/attachment/342185.pdf）、三田村蕗子「企業の活路第92回　ピーチ・アビエーション LCC一人勝ち！大阪流『ドケチ』イノベーション」『プレジデント』2016年1月4日号、和田雅子・新藤晴臣「ビジネス・ケースNo.134 Peach Aviation：コーポレートベンチャリングによる日本版LCCの創出」『一橋ビジネスレビュー』2017年春号。

3　スティーヴン・シュナース『創造的模倣戦略』有斐閣、1996年。

4　セオドア・レビット「模倣戦略の優位性」『DIAMONDハーバード・ビジネス・レビュー』2001年11月号。

5　Markides, C.C. and Geroski, P.A., *Fast Second: How Smart Companies Bypass Radical Innovation to Enter and Dominate New Markets*, Jossey-Bass, 2005.

6　セオドア・レビット「模倣戦略の優位性」『DIAMONDハーバード・ビジネス・レビュー』2001年11月号。また、カル・ラウスティアラ＝クリストファー・スプリングマン『パクリ経済　コピーはイノベーションを刺激する』みすず書房、2015年は、コピーが横行する業界においても決してイノベーションが停滞していないことを論じている。

7　「平成29年3月期決算について」（http://www.flypeach.com/application/files/4714/9673/8874/170608-Press-Release-J.pdf）、「エアバスA320-200型機の購入を契約締結」（http://www.flypeach.com/portals/1/Press Releases/2015/150616-Press-Release-J.pdf）。

8　「Peach Aviation 株式の資本構成の変更に関するお知らせ」（https://www.ana.co.jp/group/pr/pdf/20170224.pdf）。

9　チャールズ・オライリー、ジェフリー・フェファー『隠れた人材価値』翔泳社、2002年、ケビン・フラインバーグ、ジャッキー・フラインバーグ『破天荒！　サウスウェスト航空―驚愕の経営』日経BP社、1997年、赤井奉久、田島由紀子『「格安航空会社」の企業経営テクニック』TAC出版、2012年。

10 「編集長インタビュー　物まねでは成長できない　ピーチ・アビエーションCEO 最高経営責任者　井上慎一氏」『日経ビジネス』2015年11月30日号、104ページ。

11 「編集長インタビュー　物まねでは成長できない　ピーチ・アビエーションCEO 最高経営責任者　井上慎一氏」『日経ビジネス』2015年11月30日号。

12 　井上慎一『"The関西モデル"でみんなもうかりまっせ！〜仙台空港利用促進に向けて』(http://www.pref.miyagi.jp/uploaded/attachment/342185.pdf)。

13 「アジアに拠点空港　ピーチCEO　日本に早朝便」『日本経済新聞』2017年8月3日、「海外に拠点空港検討　ピーチCEO　訪日客増加に対応」『日経MJ流通新聞』2017年8月18日。

14 「PeachとVanilla Airの統合について」(https://www.ana.co.jp/group/pr/20180322-3.html)。

第4章 戦略とビジネスモデル

■ はじめに

　第1部の各章では、本書が基本戦略として捉えるコストリーダーシップ、差別化、模倣という3つの戦略について論じてきた。本章では、第1部から第2部への橋渡しとして、戦略とビジネスモデルとの関係について考察する。まず、戦略論からビジネスモデルが議論されるようになった流れを検討し、その上で、ビジネスモデルの定義についてどのような議論があるかを提示する。次に、戦略とビジネスモデルの違いはどこにあるのか、また、戦略とビジネスモデルはどのような関係にあるか、3つのアプローチについて論じる。

　ケースとして、ユニクロ、GU、セオリーなどのブランドを展開するアパレル小売チェーンのファーストリテイリングを取り上げる。成長のプロセスでどのような基本戦略を採用してきたかを確認する。また、新たなビジネスモデルを導入することによって、基本戦略をどのように変化させてきたか、ビジネスモデルが基本戦略に与える影響についても考察する。

■ 理論：戦略からビジネスモデルへ

外部環境分析

　第1章で論じたように、戦略論の代表的な論者であるマイケル・ポーターは、業界分析のフレームワークとしてファイブフォーシーズ分析を提示し、基本戦略としてコストリーダーシップ、差別化、焦点があるとした。その後、ポータ

第 **1** 部　基本戦略

ーは、1985年に『競争優位の戦略』を出版し、バリューチェーン分析という新たなフレームワークを提示することで、競争優位の理論を拡張させている。

製品やサービスを生産するプロセスである主要活動、それらをサポートする支援活動システムの効率を上げ、競合他社との差別化を図ることで、競争優位を実現できるとした。基本戦略を実現するために、競合他社とは異なる活動や方法を選択し、それらの活動や方法を組み合わせることで活動システムを構築する。競合他社が模倣できない活動システムを作り出すことで、業界内で戦略ポジションを獲得することができるという[1]。

ポジショニングから内部環境分析へ

1990年代に入ると、ハメル゠プラハラッドやバーニーらが市場という外部環境における戦略ポジションよりは、むしろ競争優位の源泉を企業内部に蓄積されるリソースやケイパビリティに求めるようになった。ハメル゠プラハラッドはそれらを「コアコンピタンス」と呼び、バーニーは「リソースベーストビュー」を展開した。また、経営学者の野中郁次郎氏らによって展開された「ナレッジ・マネジメント」も組織内に蓄積される知識に競争の源泉を探るという点で同じ潮流の中にあるといえる。これらの研究は、企業内部の経営資源、組織能力、組織知識に注目し、それらの模倣困難性が高く、持続可能な競争優位の源泉となり得ることを主張している[2]。

ビジネスモデルへの注目

1990年代後半に入ると、ビジネスモデルというアイデアが注目を浴びるようになり、特に、1995年以降、ビジネスモデルに関する雑誌記事が急増した[3]。こうした傾向は、インターネットが急速に普及し、新しいタイプのeビジネスが次々に登場することによって加速されたと考えられる。実際、情報技術を活用し、ビジネスのイノベーションが引き起こされた。例えば、アマゾンは小売というビジネスにおいてウォルマートと基本構造を共有しているものの、イン

60

第 4 章 戦略とビジネスモデル

ターネットを通じて幅広い顧客にリーチし、DVD、書籍、CDというモノで販売されていた映像、文字、音声をデータとして売ることなどによって、ネット通販という新しいビジネスモデルを定着させた。

ビジネスモデルとは何か

ビジネスモデルの定義についてみていくことにしよう。ジョアン・マグレッタはビジネスモデルをどのようにすれば会社がうまくいくかを説明する物語である、と定義した。つまり、ビジネスモデルとは、顧客は誰か、顧客価値は何か、どのように事業で儲けるか、どのような論理で適切なコストで顧客に価値を提供するかという問いに答えるものであるという。また、アラン・アファは、お金を儲けるためのフレームワークとしてビジネスモデルを定義し、活動、ポジション、資源、産業要因、コストによって構成されるとしている[4]。

これに対して、マーク・ジョンソンらは、よりシンプルにビジネスモデルは顧客価値、利益方程式、キー資源、キープロセスの4つの要因によって構成されると捉えている。さらに、アレックス・オスターワルダーらは、「ビジネスモデル・キャンバス」というアイデアで、ビジネスモデルの見える化に取り組んでいる。顧客セグメント、顧客価値、チャネル、顧客関係、収益の流れ、キー資源、キー活動、キーパートナーシップ、コスト構造がどのような関係にあるかを分析することで、ビジネスモデルを明らかにできるとした[5]。

【ビジネスモデルに対する定義】

提唱者名	主　張
ジョアン・マグレッタ	顧客は誰か、顧客価値は何か、等理論で答えるものである。
アラン・アファ	儲けるためのフレームワークと定義し、活動・ポジション・資源・産業要因・コストによって構成される。
マーク・ジョンソン他	顧客価値・利益方程式・キー資源・キープロセスの4つの要因で構成される。
アレックス・オスターワルダー他	「ビジネス・モデルキャンバス」というアイデアでビジネスモデルの見える化を提唱。

第 1 部　基本戦略

このように、ビジネスモデルは、顧客と顧客に対して提供する価値を定め、企業が事業を実施していく上で鍵となる経営資源、活動を組み合わせることで、どのように内部と外部とのビジネスプロセスを構築するか、その構造を示している。そして、その構造を通じて、どのように収益と利益を生み出すか、その仕組みであり、企業の競争力を明らかにするものとして捉えられている[6]。

戦略とビジネスモデルの関係

続いて、戦略とビジネスモデルがどのような関係にあるのかを考えていこう。以下では、3つの立場を順に検討する。

(1)　**戦略とビジネスモデルを一体とするアプローチ**

ポーターは、戦略とビジネスモデルを一体のものとして捉えていたため、ビジネスモデルという用語を基本的に使っていない。まず、企業は、市場での戦略ポジションを決め、コストリーダーシップあるいは差別化を選択する。その上で、製品やサービスを生産するプロセスである主要活動、及びそれらをサポートする支援活動のシステムであるバリューチェーンの効率を上げ、自社の強みを徹底的に強化することで競争優位を確立する。つまり、基本戦略を定めた上で、それを実現するビジネスプロセスとしてバリューチェーンを構築し、そのプロセスの中に強みが埋め込まれている[7]。

(2)　**静態的なアプローチ**

次に、ビジネスモデルを静態的に捉えるアプローチをみる。戦略が事前に設定され、それらを実行する仕組みがビジネスモデルであるとすれば、戦略は設計、ビジネスモデルは実行のための仕組み、戦術は実際に実行される施策を意味する。ラモン・カサデサス・マサネル＝ジョアン・リカートは、これらの3つの関係を車にたとえて、戦略は車の設計と生産、ビジネスモデルは車、戦術は車の運転である、と述べている。戦略とは独自の価値あるポジションを築くための、他とは一線を画する活動の計画である。これに対して、ビジネスモデ

第 4 章 戦略とビジネスモデル

ルは、競争市場でどのようにオペレーションするか、あるいはステークホルダーに対してどのような価値創造や獲得を図るかという企業のロジックを意味する。そして、戦術は、採用されるビジネスモデルによって企業に開かれている選択となる[8]。

　ただし、このような静態的なアプローチにおいてもビジネスモデルそれ自体は進化を引き起こす可能性を含んでいる。マサネル＝リカートは、ビジネスモデルを経営上の選択と、その選択がもたらす結果から成り立っているとする。ビジネスに関わる選択には、方針の選択、資産の選択、ガバナンスの選択があり、結果に対してすぐ反応の出る弾力的結果と、そうではない厳格な結果があるという。したがって、成功を収めるビジネスモデルは、自己強化型の好循環、あるいは、フィードバックループを生み出し、選択した結果が当初の目的をさらに強めることで強固なビジネスモデルへと進化させていくと論じている。

(3)　動態的なアプローチ

　最後に、ビジネスモデルを動態的に捉えるアプローチがある。ジョンソンは、顧客価値の提案がビジネスモデルを構成する要因として捉えている[9]。もし、顧客価値が固定されているとすると、静態的アプローチと同じものになる。自社の経営資源やビジネスプロセスを通じて製品やサービスを生み出すことは価値創造である。もし、生み出された製品やサービスが顧客に受け入れられ、価値を創造するプロセスが合理的で、効率的であり、競合他社との競争に耐えるものであれば、利益を生み出すことに成功する。

　しかし、顧客価値が所与なものではなく、変更されるとすると、大前提は変化し、ビジネス全体が大きく変化することになる。また、顧客への対応の中でビジネスモデルが変化すると、それに合わせて、顧客価値が変化する可能性も含んでいる。この場合、ビジネスモデルの変更によって戦略を変更することが起きる。つまり、戦略が変わることで、当然、ビジネスモデルは変わる。しかし、実行のプロセスでビジネスモデルが進化すると、戦略がそれに合わせて変化することも起こり得る。つまり、顧客価値が戦略とビジネスモデルの交差点

63

第1部　基本戦略

になっているので、戦略とビジネスモデルが共進化を起こす[10]。

ケースを分析する視点

　以上のように、戦略とビジネスモデルの関係はどのように捉えるか、様々な考え方があり、いまだ統一された見解が形成されているとはいえない。ケースの分析を通じて、実際、戦略とビジネスモデルがどのような関係にあるかを考えていくことにしよう。以下の4つの疑問を設定しておく。

　Q1　戦略はどのようにビジネスモデルを決定しているか。

　Q2　ビジネスモデルはどのように変化しているか。

　Q3　ビジネスモデルの進化は戦略にどのような影響を与えているか。

　Q4　どのような基本戦略が採用され、成長のプロセスでどのような成長
　　　　戦略が組み合わされているか。

■ ケース：ファーストリテイリング

企業の概要

　ファーストリテイリングは、ユニクロ、GU、セオリーなどのアパレルチェーンを展開する持株会社である。国内売上高ランキングでは第1位、グローバルのランキングでは、インディテクス（ZARA）、ヘネス＆モーリッツ（H&M）、次いで第3位に位置している。ファーストリテイリングは、1984年にユニクロのプロトタイプ店舗を広島にオープンしてから、約30年の間に急激に成長した。いまや、2017年8月期で売上高は1兆8,619億円、営業利益1,764億円、ROE18.3%、グループ全体で店舗数は3,294であり、バブル崩壊以降、最も成長を遂げた企業の一つといえるだろう[11]。

64

第 4 章 戦略とビジネスモデル

●図表1　ファーストリテイリングの利益構造（2017年8月期）

科目	金額（百万円）	構成比（%）
売 上 収 益	1,861,917	100
売 上 原 価	952,668	51.2
売 上 総 利 益	909,249	48.8
販 管 費	725,215	38.9
営 業 利 益	176,414	9.5

出典：ファーストリテイリング『2017年8月期　決算説明資料』
http://www.fastretailing.com/jp/ir/library/pdf/factbook201708.pdf

ストアコンセプトの確立

1972年に柳井正氏が父親の経営していたメンズウェアショップを引き継いだ時期に、最新のビジネスの動向を調査するため、年に一度、海外を視察し、エスプリ、ベネトン、GAP、リミテッド、ネクストなどの店舗を見て歩いた。あるとき、アメリカの大学生協に立ち寄り、学生が欲しいものをすぐに手に入れられる品揃えで、接客のいらないセルフサービスの気軽さに大いに感銘を受け、柳井氏は「ヘルプ・ユアセルフ」の方式をストアコンセプトに取り入れることを決断している[12]。

柳井氏の理想のストアイメージは、10代の子どもたちがファッショナブルなカジュアルウェアを低価格で買える店であった。中心的な価格帯として、1,000円あるいは1,900円に設定した。基本戦略としてはコストリーダーシップを採用し、岐阜、名古屋、大阪のメーカーや問屋をまわって、見切り品を現金で買い取り、標準化された店舗を賃料の安い郊外で展開し、接客をセルフサービス化することで、ローコストオペレーションを追求した。当時、ユニクロの価値提案は、気軽なショッピングと低価格であった。しかし、柳井氏は、仕入れる商品の品質に不満を抱いていた。

SAPビジネスモデルの導入

1980年代の半ばごろ、柳井氏は香港でジョルダーノを経営するジミー・ライ

と出会い、SPA（製造小売）というビジネスモデルに興味をもった。図表２のように、このビジネスモデルを取り入れ、生産から販売までのプロセスを統合すれば、品質をコントロールできると気がついた。リミテッドやGAPを研究し、このビジネスアイデアを導入することを決意した。また、SPAのビジネスモデルを導入し、セールをコントロールし、商品を売り切ることができれば、50％以上の高い売上総利益を確保することも可能になる。

●図表２　ユニクロのビジネスモデル

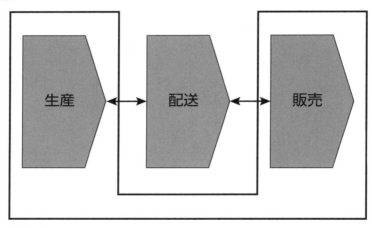

出典：筆者作成

　しかし、1987年にSPAの導入を開始したものの、このビジネスモデルはなかなか軌道にのらなかった。主要な課題として、品質管理、商品イメージ、商品開発の３つがあった。生産委託を受けた工場は、ユニット当たりの価格が低いので、利益を上げるために品質を落とそうとする。また、「安かろう、悪かろう」というブランドイメージを変化させることは容易ではなかった。さらに、デザイナーやパタンナーがいなければ、売れる商品を企画することもできなかった。

　これらの課題を克服するために、生産委託工場に匠チームと呼ばれる品質管理

チームを派遣し、品質の向上を図った。また、品質のばらつきをコントロールするために、生産委託工場の数を140から40（現在は、7か国146工場）に絞り込んだ[13]。カスタマーセンターでは、積極的に顧客からのクレームを受け付け、オリジナル商品の改善を図った。また、当時、日本ではまだ一般的ではなかったが、3か月以内であれば、無料で商品の返品、交換に応じた。さらに、1994年にニューヨークにデザイン子会社を設立し、情報収集と商品企画を行い、大阪の商品事務所や山口本社で新商品を具体的に設計する体制を構築した。しかし、コミュニケーションがうまくとれず、この試みは失敗に終わった。3年半でデザイン子会社は解散し、商品企画に関して東京での一本化を図った。

SPAビジネスモデルの本格化

こうした試行錯誤を続けた結果、1998年にはユニクロブームを引き起こすことにつながった。ファーストリテイリングは、原宿に出店すると同時に、フリースキャンペーンを開始した。フリースジャケットは、それまではパタゴニアなどアウトドアショップで最低でも1万円以上で販売されていた。ファーストリテイリングは、フリースのポテンシャルに注目し、低価格にすることで、カジュアルウェアとして販売しようと試みた。1,900円という価格を設定し、15色（現在は50色）で売り出した。1998年には200万枚、1999年には850万枚、2000年には2億6,000万枚を売り切った。

このブームの結果、ユニクロのブランドイメージは、「安かろう、悪かろう」から「低価格で、高品質」に変わった。1998年には、SPAのビジネスモデルに完全に移行し、すべての商品をユニクロブランドで販売するようになった。

ビジネスモデルの進化

その後、ファーストリテイリングは、SPAビジネスモデルのさらなる進化に取り組んだ。商品開発、生産と販売の統合だけでなく、素材開発まで一貫して行うことができる体制を構築している。2006年に、東レと戦略的パートナーシップを締結し、次世代素材開発プロジェクトでの共同商品開発を開始した。

第１部　基本戦略

その結果は、ヒートテックの成功につながった。薄くて暖かい素材をインナーウェアとして商品化し、冬でも重ね着をせずにファッションを楽しむことを可能にすることで、消費者の大きな支持を獲得している。

　こうして、高品質に加えて、高機能という顧客価値を提案し、リーズナブルな価格で高品質、高機能の商品を提供し、店舗で気軽にファッションを楽しんでもらうことを追求した。こうした商品は戦略商品と呼ばれ、フリースジャケット、ヒートテック、カシミアセーター、ウルトラライトダウンなど、次々と新商品をリリースした。

成長戦略

　ビジネスモデルを進化させることと並行して、2010年度に売上高１兆円から2020年度売上高５兆円（その後、３兆円に変更）と目標を再設定し、その実現に向けて、以下のような成長戦略を採用した。①M&Aの実施に基づくブランドポートフォリオの構築、②店舗の大型化、③グローバル展開である。

　ブランドポートフォリオについては、グローバル展開の可能性のあるブラン

●**図表３　ファーストリテイリングのブランドポートフォリオ**

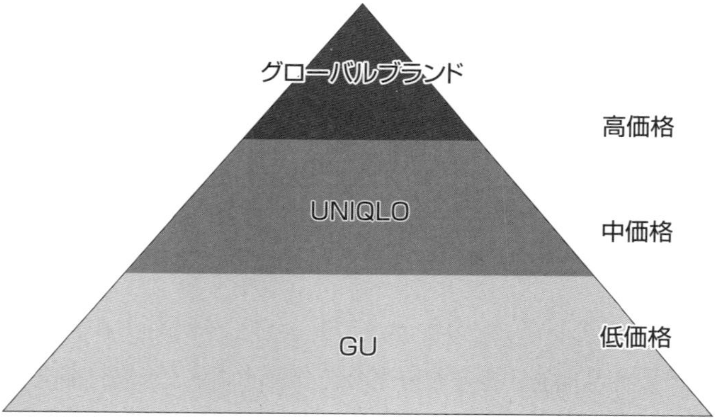

出典：筆者作成

68

ドを買収し、事業ポートフォリオを強化・拡充するものであり、2004年のセオリー、2005年のコントワー・デ・コトニエ、2006年のプリンセス タム・タムの買収などを行った。また、2006年には、新規事業として、GUを設立した。GUは、ユニクロよりもさらに低価格でファッション性の高いものを提供している。これによって、図表3のように、GUブランド、ユニクロブランド、グローバルブランドという価格帯の異なる三層からなるブランドポートフォリオを確立している。しかし、図表4のように、各ブランドの売上高シェアをみると、ユニクロブランドが82％を占めていて、ユニクロブランドへの依存が大きい。GUブランドをいかに伸ばすかが今後の成長の鍵を握っている。

●図表4　ブランドポートフォリオ別の売上高シェア（％）

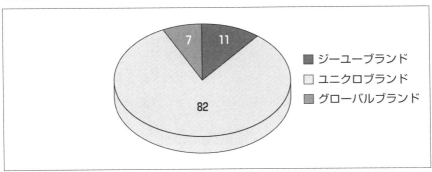

出典：ファーストリテイリング『2017年8月期業績　2018年8月期業績見通し』
http://www.fastretailing.com/jp/ir/library/pdf/20171012_results.pdfに基づいて筆者作成

　グローバルに事業を展開するZARA、H&Mが規模を追求していることに対応して、店舗の大型化への取組みを始めている。原宿店の成功によって、ブランドを確立したことを受け、2004年以降、標準店舗を郊外ロードサイドに展開するだけでなく、都心で店舗の大型化を進めた。2004年にユニクロ初の500坪超の大型店、ユニクロ心斎橋店を出店し、2005年には、銀座店をオープンした。その後、新宿、渋谷、池袋、上野などターミナル駅を中心に大型店を出店させた。また、ユニクロのブランドイメージと集客力がアップするにつれて、百貨

店やファッションビルのキーテナントとして捉えられ、出店要望も増加し、2009年からは百貨店や路面店への出店が加速した。

国際化戦略の加速

　グローバル展開については、2001年にロンドン店、2002年に上海店を出店し、早くから海外展開に取り組んできた。2006年には、グローバル旗艦店をニューヨークに出店して以降、急速に海外事業を強化した。グローバル旗艦店は、ユニクロの「高品質でベーシック」であるブランドコンセプトを世界中の人々に伝える情報発信基地の役割を果たしている。世界の主要都市で展開を図り、ロンドン、パリ、上海、大阪心斎橋、台北、ニューヨーク5番街、ソウルにグローバル旗艦店を出店、2012年3月には9番目となるグローバル旗艦店を銀座に出店した。近年はアジア市場にフォーカスし、中国・香港、韓国と出店を進めている。加えて、2009年にシンガポール、2010年に台湾、マレーシア、2011年にタイ、2012年にフィリピン、2013年にインドネシア、2014年に南半球初のオーストラリアのメルボルン店、2016年にカナダのトロント店と次々と出店エリアを拡大した。その中で、2016年には、イスラム教徒向けのファッションにも注力している[14]。

　図表5のように、ヨーロッパ、北米、アジアという分類で、競合他社の店舗数をみると、やはり本国を中心とするエリアで、それぞれ強みを発揮している

●図表5　H&M、ZARA、GAP、UNIQLOのエリア別店舗数

	H&M	ZARA	GAP	UNIQLO
ヨーロッパ	**3,063**	**1,351**	164	56
北米	580	309	**844**	46
アジア他 **（日本）**	707	553	311	**1,818** (831)
他ブランド		5,079	2,340	1,374
合計	4,351	7,292	3,659	3,294

出典：H&M、Inditex、GAPの『Annual report 2016』とファーストリテイリング『2017年8月期決算説明資料』に基づいて筆者作成

ことがわかる。ユニクロの場合も、アジア、特に、中国大陸、香港、台湾とい
うグレーターチャイナを中心に海外ユニクロの拡張を図っている。

　また、国内ユニクロ、海外ユニクロの店舗数は、それぞれ837、958となり、
海外店舗数が国内店舗数を上回るようになったことを受けて、グローバル・サ
プライチェーンを強化する必要性も高まってきた。2016年には有明に次世代物
流センターが竣工し、2017年には有明本部（UNIQLO CITY TOKYO）を稼
動させ、ユニクロの商品・商売機能が六本木本部から移転した。さらに、デジ
タル化への対応としては、「情報を商品化する」ことで新業態を生み出すこと
を標榜し、情報製造小売業となることを打ち出している。特に、新興国を中心
に急速に成長するEコマースにおいて成長を追い求める方針を示している[15]。

■ まとめ

　ケースをサマリーすると、ファーストリテイリングは、1984年にユニクロの
プロトタイプ店の成功を機にして、地方でのチェーン展開、1994年に上場を果
たすと、潤沢な資金を使って、都市部への出店を図り、成長を続けた。ここま
では、コストリーダーシップを基本戦略としていた。そのプロセスで、SPA
というビジネスモデルを導入し、フリースの成功とともに完全にSPAのビジ
ネスモデルに転換した。さらに、アライアンスを活用しながら、素材開発まで
垂直統合を図ることで、ビジネスモデルを進化させた。その結果、顧客価値に
高品質、高機能が付け加わり、差別化戦略を志向するようになった。ユニクロ
ブランドは、GUというブランドが追加されることで、中価格にシフトして、
その位置づけも変化することになった。

　ケースを分析するために設定した4つの疑問からケースをレビューする。

Q1　戦略はどのようにビジネスモデルを決定しているか。
　　当初、コストリーダーシップ戦略に基づいて、ローコストオペレーション

第 1 部　基本戦略

を実施するビジネスモデルを構築し、戦略の実行を図っていた。

Q2　ビジネスモデルはどのように変化しているか。

　　コストリーダーシップを追求する中で、商品の品質を上げたいということから海外同業種からSPAビジネスモデルを取り入れて、模倣しつつ、学習のプロセスを通じてイノベーションを図った。このビジネスモデルも素材メーカーとのコラボレーションを図ることで、素材開発のプロセスまで統合を行うモデルへと進化させ、新しい顧客価値を提案できる商品を生み出した。

Q3　ビジネスモデルの進化は戦略にどのような影響を与えているか。

　　ビジネスモデルを転換させた結果、コストリーダーシップ戦略を主としつつも、商品の高品質、高機能という差別化戦略へシフトを起こし、ビジネスモデルの転換、進化が戦略自体の変更をもたらしている。

Q4　どのような基本戦略が採用され、成長のプロセスでどのような成長戦略が組み合わされているか。

　　基本戦略については、コストリーダーシップを中心にしている。また、海外同業種をベンチマークすることで、ストアコンセプト、SPAビジネスモデル、商品アイデア、店舗の大型化など、模倣戦略を取り入れている。さらに、ビジネスモデルの転換によって低価格、高品質、高機能を同時に実現することでコストリーダーシップと差別化を同時に追求している。成長戦略については、価格帯を意識して、高価格、中価格、低価格のブランドポートフォリオを組むことで多角化を図っている。他方で、アジアを中心にして、グローバルに店舗の展開を図ることを成長ドライバーにしている。

第 **4** 章 戦略とビジネスモデル

注

1　マイケル・ポーター『競争優位の戦略』ダイヤモンド社、1985年、マイケル・ポーター「戦略の本質」『DIAMONDハーバード・ビジネス・レビュー』2011年6月号。

2　ゲイリー・ハメル＝C.K.プラハラード『コア・コンピタンス経営』日本経済新聞社、2001年、ジェイ・バーニー『企業戦略論　上・中・下』ダイヤモンド社、2003年、野中郁次郎・竹内弘高『知識創造企業』東洋経済新報社、1996年。

3　Zott, C., Amit, R., & Massa, L., "The business model: Theoretical roots, recent developments, and future reseach", Working Paper, WP-862, IESE Business School, 2010.

4　ジョアン・マグレッタ「ビジネスモデルの正しい定義」『DIAMONDハーバード・ビジネス・レビュー』2014年4月号、Allan Afuah, *Business Models: A strategic management approach*, Irwin, 2004.

5　Fielt, E., "Conceptualising Business Models: Definitions, Frameworks and Classifications", *Journal of Business Models*, Vol.1, No.1, 2013.

6　マーク・ジョンソン『ホワイトスペース戦略』CCCメディアハウス、2011年、アレックス・オスターワルダー、イヴ・ピニュール『ビジネスモデル・ジェネレーション』翔泳社、2012年。

7　マイケル・ポーター「戦略の本質」『DIAMONDハーバード・ビジネス・レビュー』2011年6月号。

8　ラモン・カサデサス・マサネル＝ジョアン・リカート「優れたビジネスモデルは好循環を生み出す」『DIAMONDハーバード・ビジネス・レビュー』2011年8月号。

9　マーク・ジョンソン、クレイトン・クリステンセン、ヘニング・カガーマン「ビジネスモデル・イノベーションの原則」『DIAMONDハーバード・ビジネス・レビュー』2009年4月号、マーク・ジョンソン『ホワイトスペース戦略』CCCメディアハウス、2011年。

10　Isomura, K., "Intersections between strategy and business models", 『CGSAフォーラム』第13号、中央大学、2015年。

11　ファーストリテイリング『2017年8月期　決算説明資料』(http://www.fastretailing.com/jp/ir/library/pdf/factbook201708.pdf)。

12　ケースの記述は、ファーストリテイリングのホームページにおける公開情報 (http://www.fastretailing.com/jp/) と以下の文献に基づいている。柳井 正『1勝9負』新潮社、2003年、柳井 正『成功は1日で捨て去れ』新潮社、2009年、月泉 博『ユニクロ　世界一をつかむ経営』日本経済新聞社、2012年、Huang, P.-Y.,

73

Kobayashi, S. and Isomura, K., "How UNIQLO evolves its value proposition and brand image: imitation, trial and error and innovation", *Strategic Direction*, Vol. 30, No.7, 2014.

13　ファーストリテイリング『ユニクロ主要取引先工場リスト』(http://www.fastretailing.com/jp/sustainability/business/pdf/UniqloCorePartnerFactoryList_20170228.pdf)。

14　「イスラム衣料、東南アに針路、中東勢、2.4億人市場狙う、安さ売り、流行も伝統も」『日本経済新聞』2017年7月8日。

15　柳井正『ファーストリテイリング　今後の展望』(http://www.fastretailing.com/jp/ir/library/pdf/20170413_yanai.pdf)。

第2部

ビジネスモデル

第5章 リソースベーストビュー

■ はじめに

　本章から第2部に入り、ビジネスモデルを中心に基本戦略を実行する仕組みについて考える。第4章で論じたように、ビジネスモデルとは、顧客価値を提案し、経営資源やケイパビリティを活用しながら、ビジネスプロセスをどのように構築するかを提示するものである。したがって、第2部では、経営資源、ケイパビリティ、ビジネスプロセスについてベースになる理論を取り上げていく。第5章では、ビジネスモデルのベースになる経営資源やケイパビリティから企業の競争優位を論じるリソースベーストビューについて論じる。第6章では、ケイパビリティの中で新規事業を生み出す中核になるコアコンピタンスの考え方を解説する。第7章では、ビジネスプロセスをどこまで内製化、外製化するかを選択する垂直統合戦略について考える。第8章では、差別化とコストリーダーシップという基本戦略を両立させ、競争力のあるビジネスモデルをどのようにデザインするかを論じるブルー・オーシャン戦略を取り上げる。

　第1章と第2章で取り上げたマイケル・ポーターは、市場という外部環境において企業が競争優位を獲得するために、どのようなポジションを確立すべきか、業界分析のフレームワークを提示することで、アプローチしようとしていた。このアプローチは、市場という外部環境における機会と脅威を明らかにしようとしている。これに対して、第4章でも論じたように、企業の内部環境に主として注目し、経営資源やケイパビリティに基づく企業の強みと弱みにアプローチしようとする理論がある。本章では、企業の競争優位の源泉を企業内部の経営資源に見出すアプローチとして、リソースベーストビューを論じる。

第 **5** 章　リソースベーストビュー

　経営の内部環境の重要性を主張する代表的な理論として、ジェイ・バーニー、デビッド・コリス＝シンシア・モンゴメリーの考え方を取り上げて、その概要を解説する[1]。ケースとしては、営業、設計から施工管理、メンテナンスまでのプロセスを内製化することで、建設業界において独自のビジネスモデルを構築している平成建設を取り上げる。どのようにして、経営資源を蓄積し、ケイパビリティを高めているかを論じる。

■ 理論：リソースベーストビュー

リソースベーストビューとは何か

　競争環境が非常に厳しい業界にありながら、高い業績を生み出す企業が存在している。これに対して、比較的に恵まれた競争環境に属しながら、標準を下回るパフォーマンスしか上げられない企業もある。このような違いが生まれる原因を理解するには、企業の内部環境を分析する必要がでてくる。バーニーは、リソースベーストビューとは、企業が独自に保有する強みと弱みを明らかにしようとするアプローチ、と捉えている。

　バーニーによると、リソースベーストビューは、エディス・ペンローズの「企業は生産資源の集合体（束）」という考え方をその基本前提としている[2]。これは、企業がそれぞれ独自の経営資源を蓄積していることから、経営資源の異質性と呼ばれる。また、リソースベーストビューは、経営資源の固着性を想定し、独自の経営資源が企業の強みを生み出す、つまり、競争優位の源泉になると考えている。

経営資源とケイパビリティ

　バーニーは、企業の経営資源には、すべての資産、ケイパビリティ、組織内のプロセス、企業の特性、情報、ナレッジなどがあるとしている。企業をコン

77

第 2 部　ビジネスモデル

トロールするにあたって、これらの経営資源を活用することで、企業の効率や効果を改善するような戦略を構想し、実行することが可能になる。経営資源は、よく知られているように、財務資本、物的資本、人的資本、組織資本のカテゴリーに分類することができる。

　また、経営資源には有形無形の資産が含まれる。経営資源には企業の財務・物的・人的・組織資本が含まれるのに対して、ケイパビリティには企業が経営資源を組み合わせ、活用することで可能になる組織能力を意味している。具体的には、社内のルーチンやプロセスのように、組織文化として埋め込まれたケイパビリティなどが含まれる。

VRIOフレームワーク

　バーニーは、経営資源とケイパビリティの前提は抽象度が高いために、企業の強みと弱みを分析する上で、適切でないとして、VRIOフレームワークを提唱している。このフレームワークは、企業が従事する活動に対して投げかけられる、以下の4つの問いによって構成される。①経済価値（value）に関する問い、②稀少性（rarity）に関する問い、③模倣困難性（inimitability）に関する問い、④組織（organization）に関する問いである。図表1のように、これらの4つの問いに答えていくことで、競争優位や経済的パフォーマンスを評価することができる。

●図表1　VRIOフレームワーク

その経営資源やケイパビリティは

価値があるか	稀少か	模倣コストは大きいか	組織体制は適切か	競争優位の意味合い	経済的なパフォーマンス
No	—	—	No	競争劣位	標準を下回る
Yes	No	—	↑	競争均衡	標準
Yes	Yes	No	↕	一時的競争優位	標準を上回る
Yes	Yes	Yes	Yes	持続的競争優位	標準を上回る

出典：ジェイ・バーニー『企業戦略論　上』ダイヤモンド社、2003年

●図表2　VRIOフレームワークと企業の強み・弱みとの関係

その経営資源やケイパビリティは

価値があるか	稀少か	模倣コストは大きいか	組織体制は適切か	強みか、弱みか
No	—	—	No	弱み
Yes	No	—	↕	強み
Yes	Yes	No		強みであり、固有のコンピタンス
Yes	Yes	Yes	Yes	強みであり持続可能な固有のコンピタンス

出典：ジェイ・バーニー『企業戦略論　上』ダイヤモンド社、2003年

●図表3　価値創造ゾーン

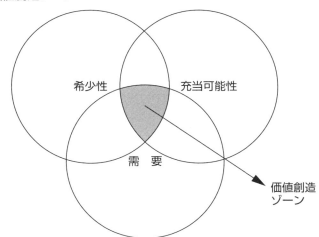

出典：デビッド・コリス＝シンシア・モンゴメリー「コア・コンピタンスを実現する経営資源再評価」
『DIAMONDハーバード・ビジネス』1996年7月号

経営資源とケイパビリティによる価値創造

　コリス＝モンゴメリーは、図表3のように、経営資源やケイパビリティの価値は3つの市場要因がダイナミックに絡み合うことによって決まるとし、「価値創造ゾーン」という考え方を提示している。つまり、リソースベーストビュ

第 2 部　ビジネスモデル

ーは、企業内部における経営資源の分析と産業や競争環境という外部分析を組み合わせたものであるという。ある特定の経営資源だけを取り上げても、その価値を評価することはできない。というのは、経営資源が有する価値は、市場要因との関連性の中で決まるからである。

　したがって、経営資源は模倣困難で稀少性が高いか、経営資源が生み出す価値は市場で求められているか、経営資源がもたらす価値を十分に享受できるか、こうした視点を合わせて、経営資源の価値を評価する必要がある。

経営資源とケイパビリティを戦略に活用する

　それでは、リソースベーストビューの考え方を活用して、どのように戦略を構築していくのか。コリス＝モンゴメリーの考えに基づいて、経営資源とケイパビリティを戦略にどのように活用するか考えていこう[3]。市場要因によって経営資源の価値は決定されるので、競争力と価値に優れた経営資源によって、企業は有利な市場ポジションを確保していこうとする。そのためには、以下のように、①継続的に経営資源に投資し、②その価値を向上させ、③魅力的な業界で競争優位を確立するために、新規参入戦略を効果的に実施することが求められる。

⑴　**経営資源への投資**

　経営資源の価値は時間の経過とともに低下する。したがって、効果的な戦略を展開し、価値ある経営資源を維持し、構築するためには、継続的な投資を行う必要がある。例えば、小売チェーンの場合、新規出店ばかりに投資をし、既存店舗への投資をおこたると、店舗の魅力は低下し、既存店舗の売上低迷をもたらす。したがって、店舗の改装や店舗の配置替えなどを継続的に実施することが大切になる。全社的な視点から、重要な経営資源の育成や開発をコントロールし、競合他社の動向をウォッチしながら、資源争奪戦に備える体制を構築することが求められる。

第 5 章　リソースベーストビュー

⑵　経営資源の価値を向上させる

　重要な経営資源はライバルに模倣され、あるいは、代替されることで、その価値が低減させられる可能性がある。競争上のポジションを高めるためには、絶えず資源価値の向上を図る必要がある。そのためには、新たな経営資源を追加する方法がある。例えば、インテルは技術資源に対して「インテルインサイド」というキャンペーンを通じて、ブランド価値を追加し、資源価値を高めた。また、既存のケイパビリティを代替する資源への転換を図る方法がある。通信会社は既存の電話網を高速度に対応する通信インフラへの転換を図った。

　さらに、魅力的な産業へ参入するために、経営資源をグレードアップする方法がある。組織として難易度の高い課題への挑戦を通じて、ケイパビリティを意図的に、段階的に高めることができる。例えば、ホンダやブリヂストンなどは、F1へ参加することによって、企業全体の技術力や組織能力の底上げを図った。

⑶　経営資源を活用し、新規事業へ参入する

　経営資源への投資を図り、蓄積した経営資源の価値を向上できたら、それらに活用することで、競争優位を確立し、新規事業への参入を進める。第6章で取り上げるハメル＝プラハラッドも、コアコンピタンスを特定することで、新規事業への多角化を図ることができるとしている[4]。市場において企業戦略を効果的に実行するためには、自社の事業領域を絶えず再評価することが重要である。戦略立案者は、自社が保有する経営資源を活用し、どのような市場で事業が展開できるかを検討する。

　しかし、特殊性の高い経営資源を保有することは競争優位を維持する上で、決定的な役割を果たすものの、環境変化によって価値が変動するリスクもある。そのため、特定の資産やケイパビリティの適用範囲を過大に評価しないこと、経営資源が障壁になり、収益性の高い産業に守られていると過信しないこと、独自性の高くない経営資源や組織能力を競争優位の源泉であると誤解しないように注意する必要がある。

81

第 2 部　ビジネスモデル

ケースを分析する視点

　以上がバーニーによるリソースベーストビューの概要であり、コリス＝モンゴメリーに基づいて経営資源とケイパビリティをどのように戦略の構築に適用していくかをまとめた。これらの考え方が実際に有効であるかどうかを考察するために、ケースで確認していこう。ケースで検討すべきことを 4 つの疑問にして、提示する。

　Q 1　どのような経営資源や組織能力を蓄積しているか。
　Q 2　これらの経営資源や組織能力からどのような模倣困難な競争優位の
　　　　源泉を形成しているか。
　Q 3　独自の経営資源や組織能力によって、どのような戦略を採用し、ビ
　　　　ジネスモデルを構築しているか。
　Q 4　ビジネスモデルを確立してから、どのように成長を図っているか。

■ ケース：平成建設

企業の概要

　平成建設は、秋元久雄社長の「一流の大工を社内でたくさん育て、日本一の建設会社をつくりたい」という思いから、平成元年の1989年に設立され、2016年には、売上高150億円、社員数は575名に達している。起業したときから、職人の育成と伝統技術の継承を行うために、大工や職人を正社員として雇用し、その数は200名を超えている。後述するように、建設業界では、営業、設計、施工管理だけを行って、他はアウトソースするというビジネスモデルが一般的である。これに対して、平成建設では、すべての業務プロセスを内製化している点でユニークなビジネスモデルを構築している[5]。

第 5 章 リソースベーストビュー

業界の動向

　建設業界の基本特性について簡単にみておこう[6]。建設業界は、基本的に受注産業であり、顧客は法人が中心になっている。また、建設生産の現場は屋外であり、工事ごとに組織を編成し、工事終了とともに解散するという方式が採用される。ゼネコンは元請した工事をサブコンと下請契約をし、サブコンはさらに再下請させることで重層的な下請けの構造を作っている。したがって、施主が設計会社か建設会社に注文した後、施工管理はゼネコンが行うものの、基礎、足場、型枠、鉄筋、大工、事後管理等はすべてアウトソースされる。

　ゼネコンは、一般的に現場で働く大工や職人など作業員を雇用していない。なぜなら、建設業界は労働集約的な産業であり、仕事の繁閑の差があるため人件費によって圧迫され、経営上の大きなリスクになるからである。その結果、作業を行う会社は、施主ではなく、ゼネコンや受注先に目を向けるという課題を抱えている。コスト削減の圧力が高まると、良いものを作ろうというインセンティブは低下し、施主にとってはマイナスに作用し、利益相反を生み出す可能性を含んでいる。

　他方で、建設業界では、大工をはじめとする職人の減少という課題もある。大工の高齢化は進み、50代が中心になり、人口もすでに40万人を切っている。ケガや事故の危険が高い職場であることから若い人に敬遠されている。また、プレハブ工法を取り入れたことで、高い技術が不要になり、職人として技能を高める魅力を低下させている。そのために、賃金についても低い水準にとどまっている[7]。

基本戦略とビジネスモデル

　平成建設では、こうした建設業界の課題を克服するために、また、このままでは大工が消えてしまうという危機感から、図表4のような通常では不可能と考えられていたデザイン、設計、営業からアフターメンテナンスまで、一貫して社内で請け負うビジネスモデルを追求している。このモデルを成立させる基

83

第 2 部　ビジネスモデル

●図表４　平成建設のビジネスモデル

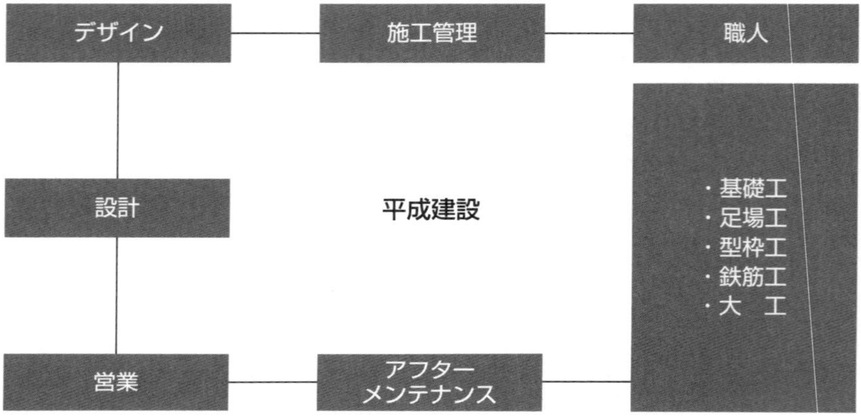

出典：「日経ビジネス」2007年10月15日号「小さなトップランナー／企業／平成建設（職人を"内製化"
　　　した建築会社）大卒の大工集団を育成」

本戦略は差別化であり、ハイエンドの顧客をターゲットとしている。平成建設
では、在来工法である木造軸組工法を採用するために、建設技術を体系的に学
ぶ必要があり、高い技術が求められる。その結果、コストは上昇するものの、
品質の高いものを建設することができる。当然、品質に見合ったコストを負担
できる顧客層を開拓することになった。

　もう１つの戦略は、地域のオンリーワン企業になることを狙い、地域特化戦
略を採用している。本社のある静岡県を中心に顧客を開拓し、レピュテーショ
ンを確立しつつ、神奈川県に進出している。続いて、より富裕層の多い首都圏
へとエリアを拡大することで、成長を志向してきた。国内の最終目的地は伝統
的建築が多い京都であり、その後、海外への展開を目指し、実際に、アメリカ
への進出も始めている[8]。これらの戦略を成立させるために、営業力の強化を
図っている。経営者、医者、地主など高所得層をコアターゲットにアプローチ
し、賃貸マンション４割、注文住宅、リフォーム４割、商業物件や店舗など２
割とバランスよく受注する力を形成している。

多能工による業務の効率化

　人材を内部に抱え込みながら、利益率を確保するために、大工や職人をもつことを強みに変える業務システムを構築している。つまり、1つの仕事しかできない単能工ではなく、複数の現場作業をこなす多能工を育成している。足場の組立てから型枠作業など、異なる仕事をこなせる職人を増やすことで、複数の現場で過不足がでた場合にも人員を適切に配置し、コスト削減に寄与できる。また、情報システムの充実を図ることで、工事の引継ぎを効率化し、工期の短縮を可能にしている。これによって、重層的な下請構造をもつ競合他社と比較して、時間とコストを低減させることに成功している。さらに、価格競争を避けるために、「見積り競争はしない」、「安値受注はしない」、「公共事業は受けない」、「資材の転用率（廃棄までに使う回数）を引き上げる」など、独自のコスト削減策を導入し、競争力の強化を図ってきた。

　内製化というビジネスモデルを実現するために、大工や多能工が必要であり、1993年から新卒採用を実施している。例年、20〜30名程度を採用していたが、2009年からは事業拡大を想定し、約50名に増加させた。しかも、その多くが国公立や私立の上位校出身者であるという。就職志望企業ランキングのゼネコン部門において、大手ゼネコンに伍して10位程度にランクインしている。また、他の就職人気の高い企業に負けず、人材を確保するために、2006年からはインターンシップも導入した。仕事を体験することで、その魅力を理解してもらうためである。約1週間のスケジュールを組み、希望する職種部門への配属と現場作業を組み合わせる。実際、インターンシップを実施することで、内定のキャンセル率を激減させた。さらに、採用については、経済状況に左右されることなく、継続的に人材を育成し、ケイパビリティを高め、蓄積するために、採用を中断させないようにしている。

人材育成とキャリア開発

　当然、入社後の人材育成にも力を入れている。人件費をコストと捉えるので

第 2 部　ビジネスモデル

●図表５　チーフリーダー投票制度

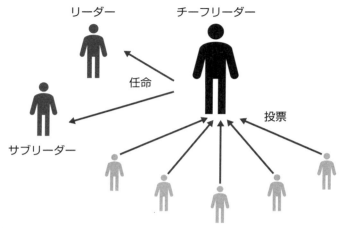

出典：「日経トップリーダー」2013年１月号「元気なオーナー企業／平成建設／社長がいなくても業務が回る　社内"総選挙"で部下が上司を決める」

はなく、人件費は投資と位置づけられる。新入社員は原則として全員、最初に工務部に配属され、１年間、修業を積む。新人は先輩の仕事のやり方、段取り、人の使い方を実際にみることで、建設業の基本を学習する。社会人としての基本も合わせて、OJTを通じて身につける。その後、工務部、専門大工、営業、設計、企画など、本人の希望と適性を判断して、配属が決まる。多能工を目指す人は工務部で様々な業務を経験し、多様な資格を習得する。

　キャリアデザインをイメージできるように、独自の仕組みが取り入れられ、ユニークなものとしては、図表５のようなチーフリーダー投票制度がある[9]。毎年、部門の長を社員の投票で決めるシステムである。チーフリーダーになると、右腕、左腕になるリーダーとサブリーダーを任命することができる。将来、１つの部門で責任ある立場を目指すことを意図し、このような仕組みが取り入れられている。また、評価の公正さを維持するために、360度の業績評価制度が導入され、チーフリーダーは、部門内、関連部署の上司、同僚、部下から構成される約10名から評価を受ける。その他、社員のモチベーションを高めるた

めに、大浴場、社員食堂、報奨金の出るスポーツ大会の実施など、多様な方法や仕組みが取り入れられている。

■ まとめ

　ケースをサマリーすると、平成建設は、内製化というビジネスモデルを実現するために、大工や職人を正社員として採用し、内部で育成することで様々な技能を身につけさせ、多能工を育成する。これらの能力と情報システムを組み合わせることで、効率的な業務システムを構築し、コストダウンを図ることができる。人件費をコストではなく、投資と捉え、新卒採用から人材育成、キャリアプラン、モチベーション向上策を組み合わせ、独自のビジネスモデルを機能させている。大手ゼネコンとの差別化を図るために、在来工法で品質の高い建物を建設し、営業力の強化を図りつつ、ハイエンドの顧客層を開拓している。また、地域特化戦略で、地元でレピュテーションを高めながら、エリアを拡大することで成長を志向している。図表6のように、平成建設の競争優位の源泉はまとめられる。

●図表6　平成建設における競争優位の源泉

顧客価値	設計、建設からメンテナンスまで品質の高い製品とサービスを提供する
戦略	差別化と地域特化
ビジネスモデル	業務プロセスを一貫して、内製化するモデル
経営資源	大工や多能工などの人材、情報システム
ケイパビリティ	強い営業力、効率的な業務遂行力

出典：筆者作成

　ケースを分析するために設定した4つの疑問からケースをレビューする。

第 2 部　ビジネスモデル

Q1　どのような経営資源や組織能力を蓄積しているか。

　　大手のゼネコンのアウトソースモデルとは対極にあり、人材を内部化し、社内で人材育成を行う中で、経営資源を蓄積し、ケイパビリティを高めている。

Q2　これらの経営資源や組織能力からどのような模倣困難な競争優位の源泉を形成しているか。

　　継続的に仕事を受注できないと、このモデルは成立しない。そこで、コアターゲットを明確に定めて営業力を強化することによって、仕事を確保している。また、そうして確保した仕事を通じて、社員がケイパビリティを向上できるようにし、簡単には追随できないビジネスモデルを構築している。

Q3　独自の経営資源や組織能力によって、どのような戦略を採用し、ビジネスモデルを構築しているか。

　　戦略とビジネスモデルは経営資源とケイパビリティと一体であり、内製化を実現するために、周到に戦略を策定するとともに、ビジネスモデルを構築している。

Q4　ビジネスモデルを確立してから、どのように成長を図っているか。

　　ビジネスモデルを確立すると、高品質、高価格の木造建築を求める顧客を求めて、市場を静岡から神奈川へ、さらにコアターゲットとする富裕層の多い首都圏へと広げることで、その成長を図っている。また、その市場を海外まで広げる方針で、その準備を着々と進めている。

注

1　ジェイ・バーニー『企業戦略論　上・中・下』ダイヤモンド社、2003年、デビッド・コリス＝シンシア・モンゴメリー『資源ベースの経営戦略論』東洋経済新

報社、2004年。

2　エディス・ペンローズ『企業成長の理論【第3版】』ダイヤモンド社、2010年。

3　デビッド・コリス＝シンシア・モンゴメリー「コアコンピタンスを実現する経営資源再評価」『DIAMONDハーバード・ビジネス』1996年7月号。

4　C.K.プラハラッド＝ゲイリー・ハメル「コア・コンピタンス経営」『DIAMONDハーバード・ビジネス・レビュー』2007年2月号、ゲイリー・ハメル＝C.K.プラハラード『コアコンピタンス経営』日本経済新聞社、2001年。

5　ケースの記述は、平成建設のホームページ（http://www.heiseikensetu.co.jp/company/profile.html）と以下の文献に基づいている。秋元久雄『高学歴大工集団』PHP研究所、2009年、秋元久雄『匠・千人への挑戦』河出書房新社、2012年、「小さなトップランナー／企業／平成建設（職人を"内製化"した建築会社）大卒の大工集団を育成」『日経ビジネス』2007年10月15日号、「元気なオーナー企業／平成建設／社長がいなくても業務が回る　社内"総選挙"で部下が上司を決める」『日経トップリーダー』2013年1月号、荻野進介「平成建設社長　秋元久雄　高学歴大工＆すべて内製化　住宅業界のニューウェーブ」『週刊東洋経済』2016年1月30日号。

6　高木　敦『業界研究シリーズ　建設』日本経済新聞社、2006年。

7　一般社団法人木を活かす建築推進協議会「〜大工・職人の実態に関するアンケート調査〜報告書」2012年（http://www.kiwoikasu.or.jp/uplmages/uploader_examiner/pdf20130802160350.pdf）。

8　「ニッポンの家　PART2　誰も知らない潜在力　世界制覇、原理的には可能」『日経ビジネス』2015年2月23日号。

9　「元気なオーナー企業／平成建設／社長がいなくても業務が回る　社内"総選挙"で部下が上司を決める」『日経トップリーダー』2013年1月号。

第6章 コアコンピタンス

■ はじめに

　第5章では、競争優位の源泉を企業の内部に見出す流れの一つとして、リソースベーストビューについて論じた。本章では、企業の内部に形成され、蓄積される組織能力、その中でも新規事業を生み出す中心にあるコアコンピタンスというアイデアについて考えていこう。

　理論としては、企業が独自に生み出す模倣困難な組織能力の重要性を主張するプラハラッド＝ハメルによるコアコンピタンス経営について論じる[1]。ケースとしては、時間貸し駐車場業界でリーディング・カンパニーであるパーク24を取り上げる。コアとなる経営資源をベースにして、どのような組織能力を作り上げ、蓄積しているか、また、それらを組み合わせることによって、どのように新たな事業への参入を可能にしているかを考察する[2]。

■ 理論：コアコンピタンス経営

コアコンピタンスとは何か

　企業内部に競争優位の源泉を見出す研究の潮流の一つとして、プラハラッド＝ハメルは、企業内部に蓄積された経営資源、スキル、集合的な学習経験、それらを活用するマネジメント能力の重要性を指摘し、これを「コアコンピタンス」と呼んだ。コアコンピタンスの定義を競合他社に模倣することが困難な自社固有の中核的な組織能力である、と論じている。

　コアコンピタンスを形成するためには、①広範かつ多様な市場に参入する可

第 6 章 コアコンピタンス

能性をもたらすもの、②最終製品が顧客にもたらす価値に貢献するもの、③ライバルには模倣することが難しいもの、という3つの条件があるとしている。企業は自らのコアコンピタンスを特定し、それらを育て上げ、開拓していく能力によって評価され、コアコンピタンスは企業の成長を可能にする中心的定義（理論）にあると考えられる。

ストラテジック・インテントの明確化

グローバル競争において市場リーダーのポジションを獲得するためには、コアコンピタンスを育成するためのマネジメントシステムが不可欠である。

●図表１　コンピタンス：競争優位のルーツ

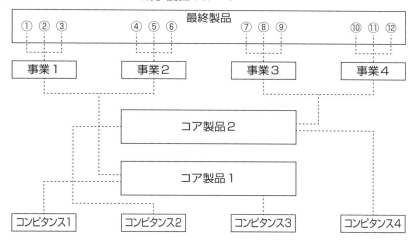

出典：C.K.プラハラッド＝ゲイリー・ハメル「コア・コンピタンス経営」『DIAMONDハーバード・ビジネス・レビュー』2007年2月号

そのためには、プラハラッド＝ハメルは、まず、ビジョンとなるストラテジック・インテント（戦略上の意図）を明確にしなければならないと指摘している。ストラテジック・インテントとは、企業の志であり、目指すべき方向を意味する。

第2部　ビジネスモデル

　ストラテジック・インテントを達成するための条件として、勝利に向けて社内の関心を集中させ、中心となる価値観を伝え、社員を動機づけ、個人あるいはチームへの権限委譲を促し、環境変化に応じて業務やプロセスを再定義し、資源配分のルールを具体化することが求められる。

コンピタンスからコアコンピタンスへ

　コンピタンスは、短期的に既存製品における価格差あるいは性能差を生み出す。これに対して、コアコンピタンスは、継続的に競合他社を圧倒する製品を生み出すことで、企業の競争優位の基盤を構成するものと捉えられる。図表1のように、プラハラッド＝ハメルは、コアコンピタンスと最終製品を結びつけるものをコア製品と呼び、コア製品とはコアコンピタンスを実体化したものとしている。

　コア製品とは、1つあるいは2つ以上のコンピタンスを組み合わせることで生み出され、最終製品の価値を左右するコンポーネントや半製品である。例えば、ホンダのエンジンは、設計スキルと開発スキルが融合することで生まれ、ホンダの最終製品である二輪車、自動車、ジェット機などを開発する上で鍵となっている。

新規事業の源泉

　コアコンピタンスの織りなすスキルは、基本的には各個人の中に蓄積されている。しかし、コア製品として具体化されることで、個人が蓄積してきたスキルは多様に組み合わされ、新たな最終製品を生み出す基礎となる。コアコンピタンスは、一度使うと消えてしまうものではなく、コンピタンスが利用され、共有されるたびに強化される。コアコンピタンスとは、既存事業同士を結びつける接着剤であり、新規事業を創造する原動力と考えられる。

　しかし、企業の多角化が進み、最終製品を生み出す事業単位に分割されると、コアコンピタンスが分権化された組織の中に埋もれるリスクも高くなることをプラハラッド＝ハメルは強調している。戦略事業単位（SBU）という考え方は、

92

第 **6** 章　コアコンピタンス

いわゆる縦割り組織を生み出し、コアコンピタンスを活用する上で、障害になる可能性があることを認識する必要があるという。

戦略アーキテクチャの構築

コアコンピタンスが埋もれることを防ぎ、コアコンピタンスを実体化するコア製品を特定し、コア製品自体を売り込めるように、そのシェアを最大化する努力が必要になる。また、コア製品からどのように新たな最終製品を継続的に開発できるか、企業ごとに戦略アーキテクチャを構築することが重要となる。プラハラッド＝ハメルによると、戦略アーキテクチャは企業ごとに異なるものであり、具体的にどのようなものか、明示的には示すことができないという。つまり、戦略アーキテクチャとは、どのようなコアコンピタンスを育成すべきか、それを構成する技術は何かを具体化したもので、いわばロードマップのようなものである。そして、戦略アーキテクチャの役割は、どのような製品と市場を多角化すればよいか、その論理を導き出し、そのための資源配分の優先順位を全社的に示すものでなければならない。また、各事業単位に散在している技術の棚卸しをし、これらを生産活動に反映させ、さらに、顧客や株主などの自社の競争優位を示すコミュニケーション・ツールとしても活用すべきであると論じている。

コアコンピタンスを特定し、最終製品を生み出すプロセスを戦略アーキテクチャに落とし込んだら、それらを実行するプロジェクトを立ち上げ、それらにかかわる人材を発見できるように、各事業単位に要請する必要がある。コアコンピタンスは、組織全体の資産であり、全社的に再配置されるような組織を作り出すことが求められる。このように、コアコンピタンスは、新規事業の源泉であり、全社戦略に焦点を当てたものと位置づけられる。

ケースを分析する視点

以上のように、コアコンピタンスとは、ストラテジック・インテントを設定し、コアコンピタンスを特定し、最終製品を生み出す戦略アーキテクチャに基

第 2 部　ビジネスモデル

づいて、基本的に製造業がどのように競争力のある製品を継続的に生み出すか、そのロジックを論じたものとして理解できる。続いて、ケース分析を通じて、この理論のインプリケーションを考察するために、以下の4つの質問を設定しておく。

> Q1　コアコンピタンスの考え方は製造業だけでなく、サービス業にも適用できるか。サービス業におけるコアコンピタンスとは具体的にどのようなものか。
> Q2　ストラテジック・インテントはどのようなもので、戦略アーキテクチャはどのように設定されているか。
> Q3　コアコンピタンスからどのような新規事業が生み出されるか。
> Q4　その後、どのような成長戦略が採用されるか。

■ ケース：パーク24

企業の概要

　パーク24は、時間貸し駐車場事業を中心にレンタカー事業、カーシェアリング事業などを全国で展開するリーディング・カンパニーである。図表2のセグメント別売上高シェアをみると、駐車場事業国内64％、駐車場事業海外10％で、レンタカー、カーシェアリングなどで構成されるモビリティ事業が26％となっている。2017年10月期の売上高は、2,329億5,600万円、営業利益205億500万円、自己資本当期純利益率17.8％、タイムズ駐車場運営台数は約55万台である[3]。駐車場事業では、業界1位、レンタカー事業では、2009年にマツダレンタカーを買収して業界4位、カーシェアリング事業では、先行企業であるオリックス自動車などを抑えて業界1位に位置している[4]。

第 6 章　コアコンピタンス

●図表2　セグメント別売上高シェア（%）

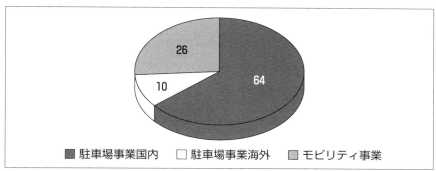

出典：パーク24株式会社『平成29年10月期 決算短信〔日本基準〕（連結）』
http://v4.eir-parts.net/v4Contents/View.aspx?cat=tdnet&sid=1539745

経営理念と基本戦略

経営理念については、「快適なクルマ社会」を実現し、ストレスなく移動ができるように、交通インフラ企業を目指している。日本では駐車場の供給量が圧倒的に不足し、違法な路上駐車が常態化している。そこで、パーク24では、近くに適度な料金の駐車場を提供することができれば、こうした違法駐車を減少させることができると考えている。顧客の便利さを追求するコンビニエンスストアをベンチマークしながら、クルマで移動することの利便性を高めることを経営ビジョンとしている[5]。

基本戦略としては、中心である駐車場事業において、エリアドミナントの強化を図るという焦点戦略を採用している。駐車スペース500平米以下の駐車場は届け出が必要なく、規制もないので、事実上、参入障壁はゼロに近い。土地を借りることができ、駐車場の機械を用意できれば誰でも始めることができるビジネスになっている。

しかし、2年から3年という短期間で解約されるリスクも高く、安定して事

業を実施することの難易度が高いこともあり、第2位に位置する三井不動産リアリティを除くと、大手の参入はほとんどない。したがって、パーク24は、この業界における圧倒的な1位のポジションを築くことに邁進している。

情報システムの導入

時間貸し駐車場事業の中核をなす経営資源としては、コンビニエンスストアのPOS（販売時点情報管理）システムを参考にしたTONIC（Times Online Network and Information Center）という情報システムがある。このシステムによって、全国のタイムズ駐車場と情報センターをオンラインで結び、運営・管理の効率化や顧客サービスの充実による集客力の向上が可能になり、全国に15,792件あるタイムズ駐車場の稼働率をリアルタイムで把握することができる。

また、TONICは、単なる在庫管理のツールではなく、マーケティング・ツールとしても活用される。駐車場料金を周辺状況の変化に対応し、細かく上下させ、全体の稼働率を高めるレベニュー・マネジメントが取り入れられている。実際に、変更の多い駐車場では月に2回ほど、全体で毎月1,000回前後の料金変更を行っている。図表3のように、時間貸し駐車場はオーナーからほぼ固定

●図表3　時間貸し駐車場タイムズの収益構造

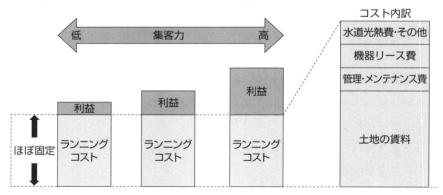

出典：パーク24株式会社ホームページ
http://www.park24.co.jp/ir/business/parking_strategy.html

第 **6** 章　コアコンピタンス

家賃で土地を借りており、稼働率が上がるほどパーク24が手にする収益、利益が増えるビジネスモデルになっている。TONICの導入によって、タイムズ駐車場の粗利率は、17％から24〜25％まで上昇しているという。

新規開発力の強化と安定化

　しかし、このビジネスの最大リスクは、土地の賃貸契約の解約増加にある。仕入れに相当する駐車場の新規開発を実施するとともに、解約率をどれだけコントロールできるかが、安定してビジネスを持続する鍵になる。パーク24では、400名近くの営業人員を使って、担当エリアを歩き回り、新規開発に取り組んでいる。空き地は、競合他社にもすぐ目をつけられ、また、不動産業者を頼ると、仲介手数料などコストも高くなってしまう。そこで、開発営業は、自ら歩いて独自に街を調査し、土地オーナーと直接交渉することで活用度の低い土地を見つけ、駐車場を開設している。個人や法人の土地オーナーから遊休地などを賃借し運営するタイムズ駐車場はST（Standard Times）と呼ばれる。建築物などに転用されにくい小型の駐車場を中心に開発し、こうした物件は他への利用は少ないために、解約リスクを軽減できる。

　また、TPS（Times Partner Service）という商業施設、銀行、ホテルや行政などの来客用駐車場を賃借し運営するタイムズ駐車場を開発し、施設が来客用に用意されているため、転用されにくく、長期間安定して運営できる。図表4のように、TPSの解約率はSTの解約率よりも低く、長期安定的運営に有効

●図表4　タイムズ駐車場の解約率（％）

	2014年10月期	2015年10月期	2016年10月期	2017年10月期	2018年10月期（計画）
全体の解約率	6.7	5.8	5.4	5.7	5.0
STの解約率	9.3	6.9	7.6	6.7	6.3
TPSの解約率	5.4	5.3	4.4	5.2	4.4

出典：パーク24株式会社　2017年10月期決算補足資料http://v3.eir-parts.net/EIR/View.
　　　aspx?cat=tdnet&sid=1539748

第2部　ビジネスモデル

ということから新規開発先として事業拡大につなげている。

ブランドの向上

　業界で圧倒的な1位にあり、ドミナント戦略によってタイムズブランドの強化を図ることは、開発力を高める上で大きな効果を発揮している。高いブランド力によって、土地活用を考えているオーナーから、タイムズの看板をみて問い合わせがくることも起きている。こうした結果、パーク24では駐車場1件当たりの平均契約年数は7.5年で、業界平均といわれる3年から3年半よりも圧倒的に長くなっている。駐車場の開発力と開発された駐車場を効率的に稼働させる力が組み合わされることで、高い営業利益率が確保される。

新規事業への参入

　新規事業の開発については、2009年3月にマツダレンタカーを買収し、また、同年5月にカーシェアリングのサービスを開始し、モビリティ事業への参入、強化を図っている。カーシェアリングでは、2002年に先行してこのビジネスをスタートさせたオリックス自動車を抑えて、業界1位となり、2017年10月期には会員数は903,564人に達している。パーク24の競争上の強みは、カーシェアリングステーションを時間貸し駐車場「タイムズ」に開設することで、駐車場コストが実質不要になり、ランニングコスト（車両減価償却費、保険代など）がほぼ固定のため、車両の稼働を高めることが高収益化につながることにある。つまり、既存のリソースと組織能力を活用することで、大きな追加コストなしで事業を行うことができる。

　カーシェアリング事業は新しいビジネスであるので、競合他社を意識するよりは、顧客に対して認知度を向上し、規模の拡大を図り、会員の獲得、利用の促進を進める必要がある。会員は個人会員と法人会員に分かれ、その比率は個人が約65％、法人が約35％である。個人会員の稼働率は休日が圧倒的に高いので、法人会員を増やし、平日の稼働率を上げることで、利用の平準化を進めて

いる[6]。それぞれの会員の利便性をどのように高めていくか、試行錯誤が続くが、ここでもTONICを活用し、データ分析を行い、コールセンターに寄せられる要望などを取り入れていくことで、ビジネスの進化を進めている。その結果、「クルマの運転見える化サービス」、タイムズレンタルのレンタカーを最寄りのタイムズ駐車場まで届ける「ピッとGOデリバリー」、予約できる駐車場「B-Times」などの顧客の利便性を高めるイノベーティブなサービスを次々と導入している[7]。

M&A を活用した国際化戦略

成長戦略としては、多角化のほかに国際化にも積極的に取り組んでいる。2006年にタイムズブランドで韓国と台湾において駐車場事業に進出している。また、2017年1月には、オセアニア・アジアを中心に駐車場事業を展開する企業「セキュアパーキング」をグループ化して、オーストラリア、ニュージーランド、英国、シンガポール、マレーシアで駐車場事業に参入した。さらに、2017年7月には、日本政策投資銀行との共同出資によって英国で駐車場事業を展開する「ナショナルカーパーク」を連結子会社化している。これらによって、全体で8カ国、20,461件、1,230,970台数を展開するグローバルナンバーワン企業を目指すポジションを確保することに成功している[8]。

■ まとめ

ケースをサマリーすると、パーク24は、時間貸し駐車事業を中心に事業展開をし、そのノウハウを活用し、管理委託で新たな顧客を開発するにとどまらず、土地の解約率をコントロールするという事業リスクの軽減を図っている。また、時間貸し駐車ビジネスでは、競合他社を圧する開発営業力で解約リスクの少ない案件を継続的に開発し、TONICという情報システムを活用するとともに稼働率を上げ、トラブルへの対応やメンテナンスなど管理の効率を高め、さらにデータを活用して、顧客サービスを向上させている。経営資源と資本を本業に

第 2 部　ビジネスモデル

集中的に投下し、ドミナント戦略で業界での圧倒的な地位を築くことで、ブランド力を高めることにも成功している。

　ケースの分析のために設定した4つの疑問からケースをレビューする。

Q1　コアコンピタンスの考え方は製造業だけでなく、サービス業にも適用できるか。サービス業におけるコアコンピタンスとは具体的にどのようなものか。

　コアコンピタンスの考え方はサービス業でも十分に適用でき、人材を活用した開発営業力と独自の情報システムを活用する力を組み合わせることで、コアコンピタンスを形成していることがわかる。そうした組織能力は、さらにブランド力にも結びつけられている。

Q2　ストラテジック・インテントはどのようなもので、戦略アーキテクチャはどのように設定されているか。

　「快適なクルマ社会の実現」というビジョンに基づいて、本業を明確にし、駐車場事業、モビリティ事業を中心にして関連多角化によって成長を志向している。

Q3　コアコンピタンスからどのような新規事業が生み出されるか。

　コアの駐車場事業の拡大とその基盤の充実の上で、既存のリソース、組織能力をカーシェアリングという新規事業でも十分に活用し、成長を図っている。コアコンピタンスを十分に活用して、多角化に成功しているといえる。

Q4　その後、どのような成長戦略が採用されるか。

　成長戦略として、コアコンピタンスを活用して多角化を図るだけでなく、コア事業である駐車場事業においては、M&Aを活用することで、急速に国際化を進めている。

第 **6** 章　コアコンピタンス

注

1　C.K. プラハラッド＝ゲイリー・ハメル「コア・コンピタンス経営」『DIAMOND
ハーバード・ビジネス・レビュー』2007年2月号、ゲイリー・ハメル＝C.K. プラ
ハラード『コアコンピタンス経営』日本経済新聞社、2001年。

2　ケースの記述は、パーク24グループのホームページ（http://www.park24.co.jp）
と以下の文献に基づいている。田原寛「パーク24　駐車場業界のセブンイレブン
稼働率管理と出店戦略に秘訣」『週刊ダイヤモンド』2014年12月13日号、西川光一「編
集長インタビュー　駐車場を"コンビニ化"する」『日経ビジネス』2013年7月22日
号、多田和市「パーク24の高速KPI経営」『日経ビッグデータ』2005年1月号、染
原睦美「企業研究　パーク24　カーシェアで競合をごぼう抜き」『日経ビジネス』
2015年9月7日号、西川清『「社長」になりたい君へ』出版文化社、1998年、鶴蒔
靖夫『タイムズ・パーキング革命』IN通信社、1995年、鶴蒔靖夫『タイムズ・パ
ーキング革命（2）』IN通信社、2010年、鶴蒔靖夫『なぜ、いまカーシェアリング
なのか』IN通信社、2011年、Suzuki, K., Tochimoto, K. and Isomura, K., Park24's
market creation and game-changing strategy: leveraging its strategic resources
and capabilities, *Strategic Direction*, Vol.33, No.7, 2017.

3　パーク24グループ『業績ハイライト』（http://www.park24.co.jp/ir/financial/
highlights.html）。

4　田原寛「パーク24　駐車場業界のセブンイレブン　稼働率管理と出店戦略に秘訣」
『週刊ダイヤモンド』2014年12月13日号。

5　西川光一「編集長インタビュー　駐車場を"コンビニ化"する」『日経ビジネス』
2013年7月22日号。

6　多田和市「パーク24の高速KPI経営」『日経ビッグデータ』2005年1月号、染原
睦美「企業研究　パーク24　カーシェアで競合をごぼう抜き」『日経ビジネス』
2015年9月7日号。

7　川又英紀「トップインタビュー　西川光一　パーク24代表取締役社長」、「パー
ク24　IoTで新サービス創出」『日経情報ストラテジー』2017年2月号。

8　パーク24株式会社「駐車場事業運営会社の株式取得に関する契約締結のお知ら
せ」（http://v4.eir-parts.net/v4Contents/View.aspx?cat=tdnet&sid=1424629）、パ
ーク24株式会社「共同投資による英国駐車場事業運営会社の株式取得に関するお知
らせ」（http://v4.eir-parts.net/v4Contents/View.aspx?cat=tdnet&sid=1496489）、
「5カ国で駐車場買収　パーク24、180億円投資」『日本経済新聞』2016年12月8日、
「買収で『世界一めざす覚悟』」『日経産業新聞』2016年12月16日、「英駐車場最大
手を買収　パーク24、政投銀と」『日本経済新聞』2017年7月15日、パーク24株式

101

第 2 部　ビジネスモデル

会社『平成29年10月期 決算短信〔日本基準〕（連結）』（http://v4.eir-parts.net/
v4Contents/View.aspx?cat=tdnet&sid=1539745）。

第7章 垂直統合戦略

■ はじめに

　第4章で論じたように、マイケル・ポーターはバリューチェーン分析という
フレームワークを提示し、製品やサービスを生産するプロセスである主要活動
とそれらをサポートする支援活動のシステムの効率を上げ、競合他社との差別
化を図ることで、競争優位を実現できるとしている[1]。バリューチェーンを構
成するビジネスプロセスにおいて、競合他社にない独自な仕組みを内製化でき
れば、競争優位を生み出すビジネスモデルを構築することにつながる。ビジネ
スプロセスを企業内部に取り込むことは垂直統合と呼ばれる。これに対して、
企業には、外部にアウトソースする、あるいは、アライアンスを活用するとい
う選択肢も残されている。つまり、垂直統合戦略を採用するかどうかは、ビジ
ネスプロセスをどこまで内製化するか、外製化するかの選択であり、その選択
の結果によって異なるビジネスモデルを作り出すことを意味する。

　本章は、垂直統合戦略の理論を取り上げ、その概要をジェイ・バーニーの整
理に基づいて解説する。その上で、垂直統合を通じて、どのようなビジネスモ
デルが構築されるかを考察する[2]。また、ケースについては、多様な素材から様々
な生活用品を生産、販売するアイリスオーヤマが垂直統合とアライアンスを活
用することで、どのようにメーカーベンダーというビジネスモデルを形成して
いるかを論じる[3]。

103

■ 理論：垂直統合戦略

垂直統合戦略とは何か

まずは、バーニーの整理に基づいて、垂直統合戦略とは、どのようなことかを考えていこう。バリューチェーンとは、製品やサービスを生産、配送、販売するために必要な活動の集合体のことである。企業は、それらの活動のうち、どの部分を自社独自のものとして取り込み、どの部分を他社に任せるか、経営上の意思決定を行う。このことから、企業にとって垂直統合に関する選択は、どの経営機能を自社の境界内と定義し、どの経営機能を自社の境界外とするかを明確化することを意味する。製品やサービスの最終顧客と、よりダイレクトに接触する方向に進むことを前方垂直統合といい、最終顧客から遠ざかる方向に進むことを後方垂直統合という[4]。

●図表1　取引の統治形態

出典：ジェイ・バーニー「第6章　垂直統合」『企業戦略論（中）』ダイヤモンド社、2003年

このように、垂直統合とは、垂直方向での事業活動の所有のことであり、垂直統合戦略とは、垂直統合とアウトソーシングの相対的な優位性を評価し、企業がどの範囲まで垂直的に関連する事業を包含させるかを戦略的に決定することを意味する[5]。

統治を選択する基準

図表1のように、垂直統合に関する意思決定は、自社の経済取引を管理する際に企業が行う統治選択であり、3つの類型に分けられる。第1に、経済取引

第 **7** 章　垂直統合戦略

の管理を市場で決定される価格に委ねる方法は市場による統治であり、第2に、経済取引の統治に組織を活用する方法は階層的統治という。第3に、市場と階層組織の両極の間に位置する統治メカニズムは中間的統治と呼ばれる[6]。バーニーは、統治を選択する基準として、①取引コスト、②企業間のケイパビリティの違い、③リアルオプションの3つを挙げている。

(1)　取引コスト

　経済取引を統治する方法を選択する上で最も重要なフレームワークの1つが取引コストの経済学であり、代表的な論者としてロナルド・コースとオリバー・ウィリアムソンが挙げられる[7]。多くの経済取引において、取引主体間には、その取引から得られる利益を実現するために相互に協力するインセンティブが働く一方で、だましたり、ごまかしたりすることで大きな利益を得ようとするインセンティブも働く。ウィリアムソンは、こうしただましやごまかしの脅威のことを「機会主義の脅威」と呼ぶ。

　このように、経済取引にともなう機会主義の脅威を管理するためのコストが発生し、それが取引コストと呼ばれる。取引コストの決定要因としては、取引特殊の投資と、取引の不確実性と複雑性がある。特定の企業と取引を行うために、例えば、ある技術に投資を行う必要がある場合、取引特殊の投資と呼ばれる。このとき、機会主義の脅威のリスクは高まるので、垂直統合が選択される可能性が強くなる。また、取引の不確実性と複雑性が存在する場合についても機会主義の脅威が大きくなると考えられ、垂直統合によって脅威を回避しようとする。

(2)　企業間のケイパビリティの違い

　リソースベーストビューの視点から、バーニーは、統治選択を行う上で企業間のケイパビリティの違いも考慮すべきであると主張する。企業は、自社が競争優位を有している事業活動では垂直統合を志向するという。しかし、価値があり、稀少で、模倣コストの大きい経営資源とケイパビリティを他の企業が有していて、その獲得コストが大きすぎる場合には、機会主義の脅威が大きくて

105

第2部　ビジネスモデル

も垂直統合が行われないと論じている。実際、セブン－イレブンのように、アウトソーシングを活用し、バリューチェーンの形成と調整を柔軟化する動きがある[8]。

(3)　リアルオプション

　バーニーは、リアルオプションの視点から、企業は不確実な将来に対する戦略上の柔軟性を保持するために、投資の大きくなる垂直統合を避けるという選択を行うと述べている。例えば、フランチャイズやパートナーとの合弁で店舗を展開しつつ、その後、業績をみながら、直営店舗に切り替えて、垂直統合を図るということも起きる。

垂直統合の選択とビジネスモデルの関係

　取引コスト、経営資源とケイパビリティ、リアルオプションなどの視点から垂直統合を選択するか否かが検討されている。しかし、バーニーは垂直統合の意思決定に関する統合された実践的理論はいまだに存在しないという。つまり、企業がなぜ、垂直統合を選択するか、しないかを説明する決定的な理論はいまだに存在していない。実際、垂直的な関係をどのように構築するかについては、市場による統治、中間的統治、階層的統治（垂直統合）以外にも多様に存在している。

　例えば、スポット取引、長期契約、代理店契約、フランチャイズ、非公式の売買関係、パートナー関係、合弁などがある。したがって、バリューチェーンの構成する事業活動について、市場を活用しアウトソースするか、アライアンスを組むか、内製化して垂直統合するかを多様に組み合わせることで、企業は独自のビジネスモデルを構築していると考えられる。

　図表2のように、事業活動を単純化し、生産、配送、販売の3つしかないとした場合、生産－配送、生産－販売、配送－販売をそれぞれアウトソース、アライアンス、垂直統合を通じて行うと想定するだけで、9つのビジネスモデルが形成される可能性がある。また、メーカーが川上から川下に向けて前方垂直

統合するか、小売が川下から川上に向けて、後方垂直統合するかによって、ビジネスモデルは異なってくる。さらに、アウトソース、アライアンス、垂直統合を様々に組み合わせる可能性もあり、ここに多様なビジネスモデルが生まれてくる原因がある。実際、ZARAを展開するインディテクスは、生産、配送、販売を垂直統合するビジネスモデルを構築しているものの、生産については自社工場とともに生産委託工場を活用し、垂直統合とアライアンスを同時に活用することで、独自のビジネスモデルを構築している。

●図表2　ビジネスモデルの可能性

	事業領域	統治選択
パターン1	生産と配送	アウトソース
パターン2	生産と配送	アライアンス
パターン3	生産と配送	垂直統合
パターン4	生産と販売	アウトソース
パターン5	生産と販売	アライアンス
パターン6	生産と販売	垂直統合
パターン7	配送と販売	アウトソース
パターン8	配送と販売	アライアンス
パターン9	配送と販売	垂直統合

出典：本稿に基づいて筆者作成

ケースを分析する視点

　以上のように、企業は、バリューチェーンを構成する事業活動をアウトソースする、あるいは、アライアンスや垂直統合することによって、経営資源とケイパビリティを形成、蓄積し、独自のビジネスモデルを構築しようとする。これらの理論のインプリケーションを確認するために、垂直統合とアライアンスを活用し、メーカーベンダーという独自のビジネスモデルを構築するアイリスオーヤマをケースとして取り上げる。垂直統合戦略の理論が実際にどのように活用されているかを検討するために、ここでは、以下の4つの疑問を提示しておく。

第2部 ビジネスモデル

> Q1 バリューチェーンを構成するどの事業活動において垂直統合あるい
>   はアライアンスを活用しているか。
> Q2 垂直統合あるいはアライアンスを選択する目的はどこにあるか。
> Q3 こうした選択を実施することで、最終的に、どのような戦略を実行
>   しようとしているか。
> Q4 さらなる成長を志向して、どのような成長戦略が採用されているか。

■ ケース：アイリスオーヤマ

企業の概要

アイリスオーヤマは、ホームセンターを中心に家庭用プラスチック製品の企画、製造、販売を行う業界国内最大手の企業である。プラスチック製品としては、収納用品、インテリア用品、園芸商品、ペット用品、日用品などを取扱い、寝具・インテリアから最近では生活家電、調理器具、LED照明などへ商品カテゴリーの拡大を図っている。2016年度におけるグループ全体での売上高は3,460億円であり、海外にも積極的に進出を図っている。生産拠点・販売拠点を海外にも広げ、アメリカ、ヨーロッパ、韓国に工場や物流センターを展開している。特に、中国には8つの工場と世界最大級の自動倉庫を備えた物流センターを稼動させている[9]。

ビジネスモデル

図表3のように、生活者の視点に立って、ユーザーイン発想によるソリューションを提供することを顧客価値と位置づけている。製造業でありながら、卸売業の機能を一体化させる「グローバル業態メーカーベンダー」という独自のビジネスモデルを構築している。アイリスオーヤマは、旧社名を「大山ブロー工業」といい、プラスチック加工の産業資材メーカーであった。2度にわたる

石油ショックでリストラを強いられ、売上も1976年の14億7,000万円から1978年には7億1,000万円とほぼ半減してしまう。そうした経営危機を乗り越えることで、現在のビジネスモデルを確立してきた[10]。

● 図表3　アイリスオーヤマの業態メーカーベンダーシステム

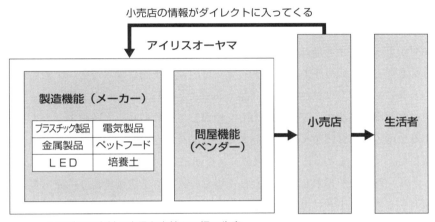

出典：アイリスオーヤマのホームページ http://www.irisohyama.co.jp/company/specialty/

ビジネスの転換

当時、経営危機に直面したアイリスオーヤマは、事業を根本的に見直すことになった。アイリスオーヤマは、中小企業として下請から脱却を図り、どのように生き残るかという課題に取り組んだ。その結果、プラスチック成形という自社の強みを生かし、将来性と収益性の高い市場として園芸用品市場へ進出することを決断した。つまり、課題に対する解決策として、産業用というB to Bから家庭用というB to Cへシフトするというビジネスの大転換を図った。販売チャネルとしては、当時、成長を始めていたホームセンターを選択した。なぜなら、新しい事業を始めた当初、既存チャネルである種苗店、フラワーセンターなどの園芸店に食い込むことは難しく、むしろ、新たなチャネルとして既

第 2 部　ビジネスモデル

存競合店と対立するホームセンターに入り込むことに優位性があると判断した
からである。アイリスオーヤマは、ホームセンターという新しいチャネルと二
人三脚を組むことで、つまり、ホームセンターと戦略的に協力する関係を構築
することで成長を志向した。

ホームセンターとのアライアンス

　ホームセンターとのアライアンスを強化するために、独自の強みを形成する
必要があった。主力製品としたプラスチック鉢やプランターは季節性が高いこ
ともあり、売れ残りをおそれるメーカーは生産量を調整するために、需要が高
いときに、しばしば欠品が出る商品であることがわかった。そこで、アイリス
オーヤマは、工場で常時、生産余力を確保し、果敢にピーク時の需要をカバー
する生産・供給体制を築き、単品大量の商品を平台山積みで展開する手法を展
開した。リスクをとることで、機会ロスを回避し、量をさばく戦略を採用した。
しかも、効率性を追求し、取引会社を増やすよりも 1 店舗当たりの売上規模を
拡大することを志向した。

　しかしながら、差別化されない商品では、店頭への直接的な売り込みに成功
しないことが次第にわかってきた。そこで、多様な商品を投入できる能力を高
めることで、差別化を図ることができるようにした。具体的には、用途は同じ
でも機能が異なる商品、用途と機能は同じでも価格ラインが異なる商品、用途、
機能、価格が同じでも切り口の異なるオリジナル商品をすばやく投入すること
で、ホームセンターのバイヤーの要求に応えるという方針を採用した。チャネ
ルが専門店チェーンということもあり、同じ商品カテゴリーの中にも多様な商
品の可能性があり、顧客の要望に応じて、商品を開発していく体制を構築して
いった。

商品カテゴリーの拡大

　季節性を回避する対策として、新しい商品カテゴリーを模索し、ペット用品
市場、収納・工具市場、家庭用品・文具、旅行用バッグと商品カテゴリーの拡

大を図った。また、プラスチックという素材から木材、金属という素材まで取り扱うようになり、現在では、電気製品、LED照明という分野まで手を伸ばしている。

さらに、商品開発力を高めるために、ホームセンターの店頭にセールスエイドスタッフというプロモーターを派遣し、商品価値を伝えるとともに、直接、顧客のニーズを吸い上げている。店頭で顧客と接するこのスタッフは、顧客との対話の中からしか得られない情報を蓄積し、商品開発部門にフィードバックを行い、新たなソリューション商品のヒントを得ている。吸い上げたニーズに基づいて、毎月、新商品開発会議を開き、厳しい検討の結果、年間1,000アイテム以上の新製品を投入している。3年以内の新製品が総売上高に占める割合を50％以上になるように目標設定し、図表4のように、実際、2015年には58％を達成している。

●図表4　2015年度新製品比率（％）

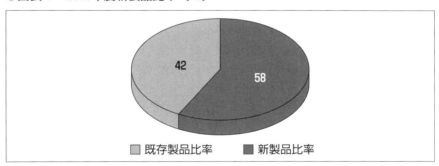

出典：アイリスオーヤマのホームページ http://www.irisohyama.co.jp/company/specialty/

メーカーからメーカーベンダーへ

このように、ビジネスを進化させ、ホームセンターをメインの販売チャネルとして選択し、売上が大きくなり、品数が増えてくるにしたがって、メーカー直販を続けることが難しくなった。ホームセンターは、店の品出し、陳列から

第 2 部　ビジネスモデル

改装、新装オープンまで問屋の手伝いに依存しているので、問屋を通してホームセンターに卸すか、自らベンダー機能をもつかという選択を迫られたのである。自社の特約店や代理店に依存し、独自の販売チャネルをもたないことから2度のオイルショックで販売権を一挙に失った苦い経験から、多額の投資を必要とする卸売機能を取り込むことを決断した。つまり、小売チャネルと直接つながり、自分の販売権を自らで守るという防衛的な戦略として多額の投資を必要とするベンダー機能を内包することで生き残りを図った。

　しかし、ベンダー機能を取り込むことで、同時に多くのメリットを享受できるようになった。新商品を多く投入するアイリスオーヤマにとって、問屋を通さずスピーディーに市場に投入できる。また、小売店の情報をダイレクトに入手できるので、マーケットイン型の商品開発をタイムリーに行うことが可能になる。さらに、物流コストを自らコントロールでき、中間マージンを削減することで、商品価格を低く抑え、競争力を高めることができるようになった。実際、物流センターと工場を一体化させることで、保管コストを大幅に削減している。また、小売業ごとのベンダー倉庫を用意し、1店舗当たりの納入量を上げ、配送効率を高めることで、配送コストを下げることにも成功している。

成長戦略

　成長戦略としては、1992年にアメリカのレイクショー社を買収し、IRIS USAを立ち上げ、1994年にはストックトン工場を竣工し、海外進出を始めた。当時、看板商品であったクリア収納ケースが価格競争にさらされ、コピー商品が氾濫し、供給過多に陥っていた。日本では償却が既にすみ、余っていた射出成型機と金型を持ち込むことで、初期コストを最低限に抑えながら、アメリカでの生産と販売に参入した。その後、アメリカ独自のライフスタイルに合わせた新製品を開発し、順調に業績を伸ばしている。現在、ウィスコンシン工場、テキサス工場、アリゾナ工場の3工場体制を敷いて、アメリカ国内市場で拡大するネット通販の需要に対応している[11]。

　海外進出については、生産拠点・販売拠点を世界に広げ、アメリカ、ヨーロ

ッパ、中国、韓国に工場や物流センターを設立した。特に、中国では、1996年の大連アイリスオーヤマ工貿有限公司を設立し、現在では、8工場が稼働し、様々な素材の商品を小ロットで生産できるため、「デパートメントファクトリー」と総称されている。2006年には世界最大規模の自動倉庫をもつ物流センターが完成し、アイリスオーヤマのメーカーベンダーシステムの中核を担う拠点となっている。近年では、大連を始め、北京、上海など136店舗の直営店「アイリスライフ」を展開するとともに、急速に成長するネット通販を通じて、販売の拡大を図っている[12]。

新規事業への参入

これまで主力であったプラスチック収納・インテリア、園芸・ペット用品に加えて、家電、LED照明等など新規事業への参入を進めている。その大きなきっかけは、東日本大震災であった。商品開発について、それまでは、快適な生活を支援することをコンセプトにする商品を中心にしていた。しかし、震災後は、会社が進むべき方向を変えて、日本の課題を解決するというコンセプトを取り入れている。例えば、震災後に原子力発電所の稼働が止まり、計画停電が繰り返される中で、節電効果の高いLED照明事業を一気に加速させた。また、被災した農家の支援や国内のコメ消費拡大に向けて、コメ事業へ参入した[13]。

さらに、震災に相前後して、大手の家電メーカーが不振に陥り、家電メーカーが多くあった大阪で技術者がリストラされたことを受けて、大阪にR&Dセンターを作り、パナソニック、東芝、シャープ、三洋電機などを退職した技術者を採用した。その結果、家電事業の中でも白物家電という分野においても、商品開発を進め、炊飯器、クリーナーなど、ヒット商品を生み出している。今後は、エアコンをはじめ、洗濯機、冷蔵庫への開発の手を広げる計画になっている。すでに、家電、LED照明がアイリスオーヤマの単体売上に占める割合は40％を占めるまでに拡大し、近い将来には50％を超えることが確実視されている[14]。

第 2 部　ビジネスモデル

■ まとめ

　ケースをサマリーすると、アイリスオーヤマは、生産と卸の機能を垂直統合する戦略を採用することで、メーカーベンダーという独自のビジネスモデルを構築している。このビジネスモデルに基づいて、販売チャネルをホームセンターに絞り込むことで、焦点戦略を実現している。また、販売については、ホームセンターとの強い関係を構築する中で、その根幹には顧客のニーズを吸い上げ、商品開発を行い、顧客にソリューション型の商品を提供するという顧客価値がおかれている。ホームセンターという販売チャネルの成長とともに、発展を図ってきた。しかし、販売チャネルの成熟化をにらみつつ、新たな成長を図るために、海外市場への進出が避けて通れない課題として浮上してきている。

　ケースを分析するために設定した 4 つの疑問からケースをレビューする。

Q1　バリューチェーンを構成するどの事業活動において垂直統合あるいはアライアンスを活用しているか。

　アイリスオーヤマは、生産と卸の機能を垂直統合し、ホームセンターという販売チャネルとの協力関係を構築している。垂直統合とアライアンスを組み合わせて、メーカーベンダーという独自のビジネスモデルを構築している。

Q2　垂直統合あるいはアライアンスを選択する目的はどこにあるか。

　卸機能を内製化することで、小売に対しての交渉力を保持することができ、市場でのリスクを低下させる防衛的な性格をもっている。他方で、ホームセンターという販売チャネルとの良好な関係をもつことで、商品カテゴリーを拡張することができ、成長を志向するとともに、顧客からのニーズを汲み上げることで、商品開発に生かしている。また、顧客の動向を現場で把握することで、積極果敢に売れ筋に対して機会ロスを減らして、売上を増加させることを狙っている。

114

第 7 章　垂直統合戦略

Q3　こうした選択を実施することで、最終的に、どのような戦略を実行しようとしているか。

　　コアのプラスチック製品については、顧客のニーズに応えた新製品を次々に投入することで、差別化を図り、生活家電、LED照明については低価格で市場シェアを獲得している。ホームセンターという販売チャネルに特化する焦点戦略であり、商品に応じて差別化とコストリーダーシップを巧みに組み合わせる戦略を実行することで、急速に成長を実現してきた。

Q4　さらなる成長を志向して、どのような成長戦略が採用されているか。

　　成長戦略としては、海外進出を図っていて、生産拠点と販売拠点をアメリカ、ヨーロッパ、アジア、中国の大連に設立している。また、商品カテゴリーの拡大による多角化を進めて、近年では、家電、LED照明、その中でも大型白物家電に注力して、成長ドライバーとしている。

注

1　マイケル・ポーター『競争優位の戦略』ダイヤモンド社、1985年。
2　ジェイ・バーニー「第6章　垂直統合」『企業戦略論（中)』ダイヤモンド社、2003年、ロバート・グラント「第13章　垂直統合と企業の事業領域」『現代戦略分析』中央経済社、2008年。
3　ケースの記述は、アイリスオーヤマのホームページ（http://www.irisohyama.co.jp/）と以下の文献に基づいている。大山健太郎『ロングセラーが会社をダメにする』日経BP社、2013年、大山健太郎『ピンチはビッグチャンス』ダイヤモンド社、2010年、大山健太郎『ホームソリューション・マネジメント』ダイヤモンド社、2001年、大山健太郎、小川孔輔『メーカーベンダーのマーケティング戦略』ダイヤモンド社、1996年、三田村蕗子『アイリスオーヤマ　一目瞭然の経営術』東洋経済新報社、2012年。
4　ジェイ・バーニー「第6章　垂直統合」『企業戦略論（中)』ダイヤモンド社、2003年。
5　ロバート・グラント「第13章　垂直統合と企業の事業領域」『グラント　現代戦

115

第2部　ビジネスモデル

略分析』中央経済社、2008年。

6　ジェイ・バーニー「第6章　垂直統合」『企業戦略論（中）』ダイヤモンド社、2003年。

7　ロナルド・コース『企業・市場・法』東洋経済新報社、1992年、オリバー・ウィリアムソン『市場と企業組織』日本評論社、1980年。

8　マーク・ゴットフレッドソン、ルディ・パーヤー、スティーブン・フィリップス「戦略ソーシング」『DIAMONDハーバード・ビジネス・レビュー』2005年8月号。

9　「アイリスオーヤマの強み」（http://www.irisohyama.co.jp/company/specialty/）。

10　大山健太郎『アイリスオーヤマの経営理念 大山健太郎 私の履歴書』日本経済新聞出版社、2016年。

11　「アイリス物語　第13話　海外市場への進出」（http://www.irisohyama.co.jp/story/13.html）、アイリスオーヤマニュースリリース「IRIS USA『アリゾナ工場』を竣工　北米地域の本拠地として課題開始」（http://www.irisohyama.co.jp/news/2016/0509-02.html）。

12　「アイリスオーヤマの強み」（http://www.irisohyama.co.jp/company/specialty/）、「アイリス物語　第21話　中国でのアメニティライフ提案」（http://www.irisohyama.co.jp/story/21.html）。

13　東　昌樹「編集長インタビュー　アイリスオーヤマ社長　大山健太郎　日本の課題を解決したい」『日経ビジネス』2017年5月29日号、「アイリスオーヤマ　コメ事業へ積極投資」『日経MJ（流通新聞）』2017年9月25日。

14　アイリスオーヤマニュースリリース「大型白物家電事業に新規参入スマートフォンで遠隔操作、人を検知し不在時は自動で節電『ルームエアコン』を発売」（http://www.irisohyama.co.jp/news/2017/0413.html）、アイリスオーヤマニュースリリース「アイリスオーヤマ　大阪の新開発拠点の本格稼働と中途採用の強化について」（http://www.irisohyama.co.jp/news/2014/0801.html）、「使い倒して→不満山ほど→なるほど実現、アイリスオーヤマ、家電メーカーに、参入重ね進化の連続」『日経産業新聞』2017年8月9日、「アイリスオーヤマ社長大山健太郎さん――「なるほど家電」消費動かす、風土違う電機OBが議論（トップに聞く）」『日経MJ（流通新聞）』2017年4月9日。

第8章 ブルー・オーシャン戦略

■ はじめに

　第2部では、ビジネスモデルの根幹をなす経営資源、ケイパビリティ、ビジネスプロセスに関わる理論を取り上げてきた。本章では、それらを踏まえて、どのようにビジネスモデルをデザインするかという観点からブルー・オーシャン戦略を提唱するチャン・キム＝レネ・モボルニュの考えを考察する。第1章と第2章では、基本戦略として、コストリーダーシップ戦略と差別化戦略をそれぞれ取り上げたが、マイケル・ポーターは、コストリーダーシップと差別化は基本的にトレードオフの関係にあり、両立しないことを強く主張している。ただし、マーケットを限定した焦点戦略においては、これらの2つの戦略が両立することが可能であるとした。

　これに対して、本章では、コストリーダーシップと差別化のトレードオフはドグマであり、バリュー・イノベーションによってコストリーダーシップと差別化は両立可能であると主張するキム＝モボルニュのブルー・オーシャン戦略を理論として取り上げ、その概要を解説する[1]。また、彼らの戦略キャンバスという手法を論じる中で、どのように戦略を策定し、ビジネスモデルをデザインするか、を考える。ケースでは、子供服、ベビー服、赤ちゃん用品のチェーンを展開する西松屋チェーンを取り上げ、顧客価値の見直しを通じて、どのように戦略を定め、ビジネスモデルを構築しているかを考察する[2]。

第 2 部　ビジネスモデル

■ 理論：ブルー・オーシャン戦略

コストリーダーシップと差別化のトレードオフ

　ポーターによると、戦略の本質は他社にはない独自性に優れたポジショニングにあり、これを保証する活動システムを構築することにあるという。これらを実現するためには、トレードオフを受け入れ、何を行うか、何を行わないかを明確に選択し、自社の強みを徹底的に強化する必要があると主張している。したがって、2つの基本戦略を追求することは、自らの強みをあいまいにし、結果として、競争優位を確立することを難しくするとしている[3]。

　これに対して、リタ・ギュンター・マグレイスは、競争が厳しいハイパーコンペティションの時代には、持続する競争優位を確立することは容易ではなく、一時的な競争優位を同時並行的に確立し、活用していく必要があることを論じている[4]。この考え方に従うと、必ずしも、差別化、あるいは、コストリーダーシップだけを追求するということなく、企業は、必要であればあらゆる戦略を導入しようとする。また、競争優位を確立してもフォロワーはすぐに先行者を模倣し、キャッチアップし、模倣を通じてイノベーションを引き起こし、先行者の優位性を脅かそうとすることも無視することはできない[5]。さらに、キム＝モボルニュは、競争のない市場空間を切り開くブルー・オーシャン戦略を提唱し、コストリーダーシップと差別化を両立させることは可能であると主張している。

バリュー・イノベーションの追求

　グローバル化が進むとともに、新興国が強力にキャッチアップする厳しい競争環境の中で、戦略やそれらを具体化する戦術を徹底して考える企業のトップマネジメントにとって、現実的にやるべきことは何でも試行錯誤でやってみようということになる。つまり、競争優位を生み出すためであれば、基本戦略をコストリーダーシップにおく企業も差別化を取り入れ、反対に、基本戦略を差

第 8 章　ブルー・オーシャン戦略

● 図表 1　バリュー・イノベーション

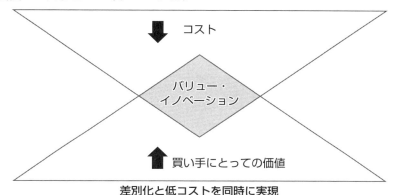

差別化と低コストを同時に実現

出典：W.チャン・キム、レネ・モボルニュ『〔新版〕ブルー・オーシャン戦略』ダイヤモンド社、2015年

別化におく企業もコストリーダーシップを無視することはできない。したがって、今回は、コストリーダーシップと差別化はトレードオフではなく、両立は可能となると考えるキム＝モボルニュのブルー・オーシャン戦略を論じていく。

　図表1にあるように、バリュー・イノベーションとは、コストを押し下げながら、買い手にとっての価値を高める状態を意味する。コストを下げるためには、業界で常識とされる競争のための要素をそぎ落とす必要がある。これに対して、買い手にとって価値を高めるためには、これまで提供されてこなかった未知の要素を取り入れることも求められる。こうして、コスト削減と新たな価値の提供を通じて、企業と顧客双方にとって、バリュー・イノベーションが起き、提案価値を飛躍的に高めることが可能になる。したがって、バリュー・イノベーションとは、単なる製品あるいは製造プロセスのイノベーションにとどまることなく、企業活動を巻き込んだ戦略であると考えられる。

4つのアクションと戦略キャンバス

　買い手に提供する価値を見直し、バリュー・イノベーションを起こすために、図表2のように、キム＝モボルニュは、4つのアクションを活用することを提

案している。以下の４つアクションを通して、業界でこれまで通用してきた戦略のロジックやビジネスモデルに挑戦することができるとしている。

●図表２　４つのアクション

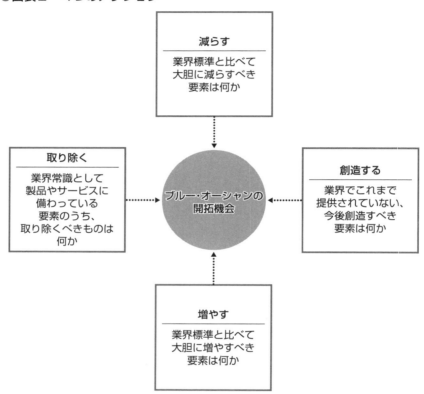

出典：W.チャン・キム『ブルー・オーシャン・シフト』ダイヤモンド社、2018年

　４つのアクションにしたがって取り除くべき要素と減らすべき要素を特定すると、競合他社よりもコスト面で優位に立つためのアイデアを導くことにつながる。また、買い手にとっての価値を高め、新たな需要を生み出すための方法を生み出すことを可能にする。

第 8 章　ブルー・オーシャン戦略

● 図表３　サウスウェスト航空の戦略キャンバス

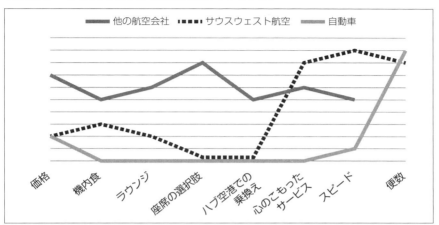

出典：W.チャン・キム『ブルー・オーシャン・シフト』ダイヤモンド社、2018年

　図表３のように、これらの問いへの結果をプロットすると、戦略キャンバスという１枚のチャートで戦略の全体像を示すことができる。このツールを活用することで、以下のことが可能になる。
　① 自社の戦略プロフィール（全体像）を価値曲線として描き出す
　② 競合他社の戦略プロフィールがわかる
　③ 業界の戦略プロフィールが一目でわかる
　サウスウェスト航空は格安航空（LCC）の元祖となるビジネスモデルを構築している。図表３をみると、心のこもったサービス、スピード、便数の多さによって、競合他社との差別化を図っていることが理解できる。また、機内食、ラウンジ、座席の選択肢、ハブ空港での乗換えの利便性を簡素化するか、廃止することで、低価格を可能にする仕組みを構築する前提を生み出している。このように、優れた戦略は特定の価値提案にフォーカスしている。また、競合他社の後追いをやめて、独自性を追求し、その結果、シンプルで魅力的なメッセージを顧客に訴求できる。サウスウェスト航空のメッセージは、「マイカーでの旅と変わらない費用で、スピーディな空の旅を―豊富な便数も魅力です」と

121

第2部　ビジネスモデル

なっている。

ケースを分析する視点

こうした価値曲線に基づいて、これらの価値を実際に提供するオペレーションの仕組みを構築できれば、強固なビジネスモデルをデザインできる。以上のように、キム＝モボルニュのブルー・オーシャン戦略によるコストリーダーシップと差別化のトレードオフを克服する戦略策定のロジックとそれらを実際に戦略とビジネスモデルに落とし込む手法を概観した。これらのアイデアをケースで確認するために、4つの疑問を提示しておくことにする。

Q1　コストリーダーシップと差別化は本当にトレードオフの関係にあるか。

Q2　戦略はどのように策定され、ビジネスモデルへと導かれるか。

Q3　顧客価値の提案はどのように生み出されるか。

Q4　その後、どのような成長戦略を採用しているか。

■ ケース：西松屋チェーン

企業の概要

西松屋チェーン（以下「西松屋」という。）は、1956年に創業され、子供服、ベビー服、赤ちゃん用品、マタニティウェアなどを主として取り扱う専門店チェーンである。その経営理念は、「赤ちゃんや子どもさんを持つ家庭の普段の暮らしがより豊かに、より便利に、より楽しく」するというものであり、2017年2月期の売上高は1,362億7,300万円、営業利益は78億7,100万円、ROEは9％、908店舗を全国に展開している[6]。

122

業界の動向

　少子化が進む中でも、ベビー・子供服の市場規模は堅調に推移している。2016年では、その規模は、9,161億円と推定されている[7]。競合他社としては、セブン＆アイ・ホールディングスの子会社である赤ちゃん本舗、しまむらが展開するバースデイなどがある。第1章でも説明したように、しまむらは、バースデイの強化を成長戦略の1つに位置づけていて、今後、このマーケットでは、競争の激化が予想される。

顧客価値の提案

　顧客第一主義を標榜する小売業は多く存在する。しかし、顧客価値を追求した結果、店舗がガラガラであることが理想というユニークな結論に達し、それを可能にする店舗オペレーションを導入し、店舗開発を実現している点で西松屋は独自性を有している。西松屋は、メインターゲットを赤ちゃんや子どもをもつ家庭に設定し、主要顧客である子ども連れの顧客が本当に望んでいる商品とは何か、快適にショッピングを楽しめる店とは何か、を徹底的に考え抜いている[8]。

　代表取締役社長の大村禎史氏は、鉄鋼メーカーの研究職からキャリアチェンジしてきた人で、チェーンストア理論を研究し、仮説、検証、改善を繰り返し、独自の店舗オペレーションを確立しようと試みた。その理由は、大村社長は、日本の小売業は子どもを連れた顧客にとって必ずしも快適とはいえない店舗運営を続けていると考えていた。具体的には、通常、通路は狭く、ベビーカーで通り抜けることに苦労する。複雑なレイアウトのために、どこにほしい商品があるかすぐにはわからない。子どもが走り回るといろいろなものにぶつかりそうで、落ちついて買い物ができない。レジはいつも混んでいて、すぐに会計を済ませることができない、などである。

第 2 部　ビジネスモデル

ショッピングの快適化

西松屋は、売り手の立場から便利と考えられても、顧客の立場からは必ずしも便利とは思われていないと考え、必要でないものを徹底的に削っていく決断をした。

・セール品を積み上げたワゴン、ディスプレイのためのマネキンを置かない。
・商品の宣伝のためのPOPを置かない。
・BGMを流さない。
・ポイントカードを発行しない。

多くの小売店で当たり前のように取入れられていることを一つひとつ、仮説、検証、改善で確かめた結果として、西松屋の店舗では、壁一面に商品をハンガーでつるしたシンプルなディスプレイ、静まり返った店内、レジに店員が1人いる店舗ができ上がった。

不要なものを徹底的に排除する一方で、顧客が本当に求めているものを特定し、提供していった。ベビーカーが4台でも余裕で通り抜けられる広い通路にし、ベビーカーで来店してもストレスなくショッピングできるようにした。短い期間ですぐに着られなくなるベビー服、子ども服を低価格で販売した。また、安全でわかりやすいレイアウトを採用し、どこに何があるのか、一目瞭然にする工夫をした。BGMのない静かな環境で、買い物に集中できる売場にすることで、来客数をコントロールし、レジで早く精算できるようにした。

商品開発力の強化

低価格商品を提供するために、オリジナルの商品開発に力を入れ、PB比率は70%以上に達している。その中で、低価格を実現するために、シンプルで飽きのこないデザインを追求している。また、新しい商品を次々と開発できるように、有名家電メーカーを早期退職したエンジニアなどを積極的に採用している。その結果、本当に必要な機能だけに絞り込むことで、使いやすく、手ごろな価格のベビーカーやマットなどの開発に成功し、様々なヒット商品を生み出

第 8 章　ブルー・オーシャン戦略

している。近年でも、赤ちゃんの肩から胸をカバーするベルトを付けることで脱落防止を工夫した抱っこひもや伸縮性に優れたストレッチパンツなどのヒット商品を生み出している[9]。

店舗オペレーションの効率化

店舗オペレーションも効率化を重視したものとなっている。商品をたたみ直す必要のないように、すべての商品はハンガーでつるされている。レイアウトをわかりやすいものにしているので、いちいち店員に確認する必要はない。高い場所に展示された商品を自分で気軽に取ることができるように、店内には専用の「商品取り棒」が置かれている。コンビニエンスストアにおける棚と同じように、ハンガーをつるすバーには12度の傾斜がかけてあり、前の商品が取られると、自動でスライドするように設計されている。レイアウトは本部でカメラによって常時モニターされ、必要に応じて変更される。

●図表4　店長が管理する店舗数

店舗数	人数
5店舗店長	28
4店舗店長	133
3店舗店長	48
2店舗店長	26
1店舗店長	40

出典：「日経ビジネス」2017年6月19日号「企業研究／西松屋チェーン（ベビー・子供用品チェーン）「減らす・絞り込む」縮小市場で勝つ鉄則」

図表4のように、標準的な店舗では2名のパートと1～5店舗を管理する店長という体制で店舗を運営することが可能になっている。その結果、275名の店長によって908店舗のオペレーションが可能になっている。また、売上高人件比率は、わずか8％であり、業界平均の半分という水準にある。

125

第 2 部　ビジネスモデル

　標準的な店舗で 1 日に想定される来客数は200組で、午前10時から午後 8 時まで10時間の営業時間であるから、 1 時間当たりの来客数は、20組となる。 1 組の客が 3 分ごとに来店し、15〜20分の買い物をしていくことを想定している。

持続可能な店舗開発

　1 店舗の開店での投資額は約 1 億円で、新規オープンした店舗の年間の平均売上が 2 億円であるので、半年で資金を回収できる計算になっている。店舗開発コストを下げるために、幹線道路から500メートル離れた土地を探すことで、車の通行量は少なく、賃料を低くできる。基本的な出店条件は、地方で車または自転車で15分から20分圏内を商圏に設定し、10万人に 1 店舗を想定している。想定よりも多くの顧客が来店した場合には、近隣に新たな店舗を開く。顧客の快適なショッピングが損なわれ、効率的な店舗オペレーションができなくなる、また、店が必要以上に混まないようにするためである。実際、高知県で 1 店舗を開いたが、そこが混んだために、新たに 2 店舗をオープンしている[10]。

　また、財務的な健全性を高めるために、出店については土地、建物は賃借し、固定資産を圧縮している。キャッシュ・フロー対有利子負債比率は年0.2％であり、事実上、無借金経営を実現し、自己資本率は60.4％となっている。全国で子どもをもつ家庭にサービスを提供することをミッションにし、いったん店舗を出せば、基本的に安易には撤退しないこと、子どもをもつ家庭のインフラになることを目指している。

成長戦略

　成長戦略の重点施策は、第 1 に、積極的な出店と売場面積の拡大、第 2 に、PB商品の開発拡大と主力商品化、第 3 に、店舗運営の効率化が挙げられている。具体的には、年間50〜60店舗を積極的に出店すると同時に、不採算店舗を10〜15店舗閉店し、標準的な売場面積を200〜300坪に拡大しつつ、積極的に集中出店を行う。売場面積の拡大に伴い取扱いサイズや品揃えを拡充する必要がでてきたため、図表 5 にあるように、PB商品の開発を拡大し、競合他社との差別

化を進める。さらに、自らの強みであるローコストオペレーションをこれまで以上に磨くために、店舗作業の合理化に向けたIT化などを推進している[11]。

この他にも、新業態である雑貨店の試験的な導入や海外市場への進出として韓国への出店も行われたが、いずれの新規事業、海外進出についてもすでに撤退し、コア事業の強化を図っている[12]。

●図表5　PB商品の開発実績

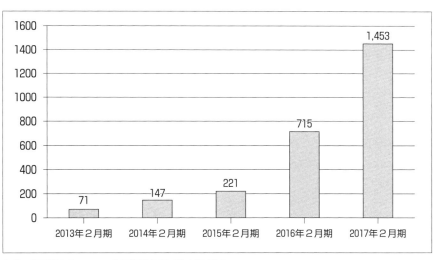

出典：『西松屋チェーン　第61期報告書（株主通信）』
https://www.24028.jp/ir/wp-content/uploads/sites/3/61houkokusyo.pdf

■ まとめ

顧客価値を第一に追求し、理想の店舗を明確に示し、それが成り立つための店舗オペレーションと店舗開発を地道に着実に実現してきた。本部と店舗との役割を明確にし、ローコストオペレーションを実施することで、商品展開ではコストリーダーシップを追求し、店舗でのショッピング体験では差別化を可能にしている。持続的に存続できるように、財務的な健全性を保つとともに、メ

第 **2** 部　ビジネスモデル

ーカーと協力し、アライアンスを深め、PB商品開発を強化している。また、
商品開発力を高めるために、有名家電メーカーを早期退職したエンジニアなど
を積極的に採用することで、自社内での人材の充実に努めている。以上のよう
に、顧客価値を実現するという観点から、コストリーダーシップ戦略を基本と
しつつも、店舗開発、PB商品の充実を通して差別化を図ることによって、コ
ストリーダーシップと差別化の両立を目指している。

　ケースを分析するために設定した4つの疑問からケースをレビューする。

Q1　コストリーダーシップと差別化は本当にトレードオフの関係にあるか。
　顧客価値という観点からオペレーション、価格設定が考えられ、その結果、
コストリーダーシップ戦略を中心とする一方で、差別化戦略も同時に取り入
れている。

Q2　戦略はどのように策定され、ビジネスモデルへと導かれるか。
　どのような顧客価値を提供するかということから戦略が考えられ、その戦
略を実行するためのビジネスモデルが構築されている。

Q3　顧客価値の提案はどのように生み出されるか。
　業界の慣行にしばられることなく、仮説、実行、検証、改善を重ねる中で、
つねに謙虚に顧客価値を探し求め、それらに応じて、経営資源を蓄積し、ビ
ジネスプロセスを構築している。

Q4　その後、どのような成長戦略を採用しているか。
　多角化や国際化を模索したこともあった。しかし、国内市場が縮小するこ
とが予測される中で、競争が激化していることに対応するために、コア事業
に経営資源を集中することで、生き残りと成長を図っている。

第 8 章 ブルー・オーシャン戦略

注

1 W.チャン・キム『ブルー・オーシャン・シフト』ダイヤモンド社、2018年、チャン・キム、レネ・モボリュニュ「ストラテジー・キャンパスによる戦略再構築」『DIAMONDハーバード・ビジネス・レビュー』2002年9月号。

2 ケースの記述は、ホームページの公開情報と以下の文献に依拠している。西松屋チェーン（https://www.24028.jp/）、田中陽「店は忙しくない方がいい」『日経ビジネス』2007年3月12日号、永井学、萩島央江「日本一の子供服チェーン西松屋チェーンの異常に素直な経営」『日経トップリーダー』2010年6月号、Huang, P-Y. and Isomura, K., "Developing empty stores satisfying customers: the case of Nishimatsuya Chain", *Strategic Direction*, Vol. 29, No.9, 2013.

3 マイケル・ポーター「戦略の本質」『DIAMONDハーバード・ビジネス・レビュー』2011年6月号。

4 リタ・ギュンター・マグレイス「一時的競争優位こそ新たな常識」『DIAMONDハーバード・ビジネス・レビュー』2013年11月号。

5 スティーヴン・シュナーズ『創造的模倣戦略』有斐閣、1996年、オーデッド・シェンカー『コピーキャット』東洋経済新報社、2013年、井上達彦『模倣の経営学』日本経済新聞社、2015年。

6 『株式会社西松屋チェーン　平成29年度2月期　決算短信』（https://www.24028.jp/ir/wp-content/uploads/sites/3/h-29-2-2.pdf）。

7 矢野経済研究所『国内アパレル市場に関する調査を実施（2017年）』（https://www.yano.co.jp/press/press.php/001754）。

8 以下、主として、田中陽「店は忙しくない方がいい」『日経ビジネス』2007年3月12日号に基づいている。

9 冨岡耕「西松屋　電気リストラ組　俺たちのベビー用品」『週刊東洋経済』2016年7月23日号、「日経ビジネス」2017年6月19日号「企業研究／西松屋チェーン（ベビー・子供用品チェーン）「減らす・絞り込む」縮小市場で勝つ鉄則」。

10 田中陽「店は忙しくない方がいい」『日経ビジネス』2007年3月12日号。

11 『西松屋チェーン　第61期報告書（株主通信）』（https://www.24028.jp/ir/wp-content/uploads/sites/3/61houkokusyo.pdf）。

12 「日経ビジネス」2017年6月19日号「企業研究／西松屋チェーン（ベビー・子供用品チェーン）「減らす・絞り込む」縮小市場で勝つ鉄則」。

129

第3部

イノベーション

第9章 マネジメントのイノベーション

■ はじめに

　本章から第3部に入り、イノベーションについて考察を進める。基本戦略を定めて、それらを実現できるビジネスモデルが構築できたとしても、ITなどによる技術革新、市場のグローバル化などによって競争が激化する中では、さらなる競争力の強化を図っていく必要がある。そのために、企業にとって第3部のテーマであるイノベーションは避けて通ることはできない。第9章では、イノベーションの全体像を捉えるために、マネジメントのイノベーションについて論じる。第10章では、ITを活用する技術革新がビジネスモデルに与えるインパクトについて考える。第11章では、いったん構築したビジネスモデル自体をどのようにイノベートしていくか、その方法論について考察する。第12章では、企業内部だけではなく、外部とのアライアンスを通じたオープンイノベーションの考え方を取り上げる。

　ヨーゼフ・シュムペーターが新結合という概念を提示してから、企業が新たな付加価値を生み出して、競争力を高めるためには、イノベーションが重要であるという認識が高まった。また、そのイノベーションの担い手として、変革力の高い企業家の役割にも注目が集まるようになった[1]。さらに、リチャード・ダベニーやリタ・ギュンター・マグレイスが主張するように、ハイパーコンペティションの時代には、持続的な競争優位を保つことは容易ではない。こうした時代に対応するためには、一時的な競争優位を継続的に生み出す中で、イノベーションを引き起こすチャンスを模索し、企業はサバイバルを続けることが求められる[2]。

　本章では、競争優位を生み出すイノベーションについて論じることにする。

第 9 章　マネジメントのイノベーション

理論としては、マネジメントのイノベーションをどのようにして起こすことができるか、イノベーションの多層構造を論じるゲイリー・ハメルのアイデアを取り上げ、その概要を解説する[3]。また、ケースでは、成熟する内需市場において豆腐製造を中心に事業を展開する相模屋食料がどのように異なるタイプのイノベーションを組み合わせることで、マネジメントを変革しているかを考える[4]。

■ 理論：マネジメントのイノベーション

イノベーションの体系化

イノベーションは、様々なレベルで起こる。イノベーションを体系的に捉えるために、ハメルによるマネジメントのイノベーションの理論について、次の3つの観点から論じることにする。まず、なぜ、マネジメントのイノベーションが求められているか、続いて、イノベーションがどのように多層的に構造化されているか、最後に、どのようにマネジメントのイノベーションを起こすか、である。

イノベーションを阻害する要因

ハメルは、資本主義の成長とともに発展してきた大規模な階層組織がヒエラルキーの硬直化を招き、マネジメントの過剰を生み出すことで、競争力を脅かしていると主張している。大量生産やその効率性を求める時代には有効であった方法や仕組みは、変化への適応やイノベーションの重要性が高い現状において、大きな制約を生み出すと指摘する。大規模な階層組織を効率的に運営するために、これまでに、標準化、専門化、ヒエラルキー、調整、コントロール、予測、モチベーションを向上させる金銭的インセンティブなど、様々な方法や仕組みが開発され、導入されてきた。

しかし、ハメルは、資本主義社会に浸透しているトップダウン型の大組織に

第3部　イノベーション

は多大のコストがかかっていることを認識する必要があるとして、以下のような課題を指摘している。第1に、戦略策定などの権限を上層部に集中させた結果、変化を必ずしも志向しない一部の役員に組織の運命を委ねることになる。第2に、トップダウン型組織ではリーダーに必ずしもふさわしくない人間がその地位に就いていることも多く、そのため、社員のモチベーションを低下させ、力を発揮させる可能性を奪っている。第3に、トップダウン型組織は専制政治を生み出し、社員の裁量権を著しく制限し、自由を奪うことによって、パッションやクリエイティビティを抑圧してしまう。

イノベーションの階層性

　これらの課題を克服し、変化に適応できる柔軟性の高い組織を生み出すためには、何よりもマネジメントのイノベーションを引き起こすことが求められると、ハメルはいう。図表1のように、ハメルは、イノベーションをピラミッドのような多層構造で捉えている。

●図表1　イノベーションの多層構造

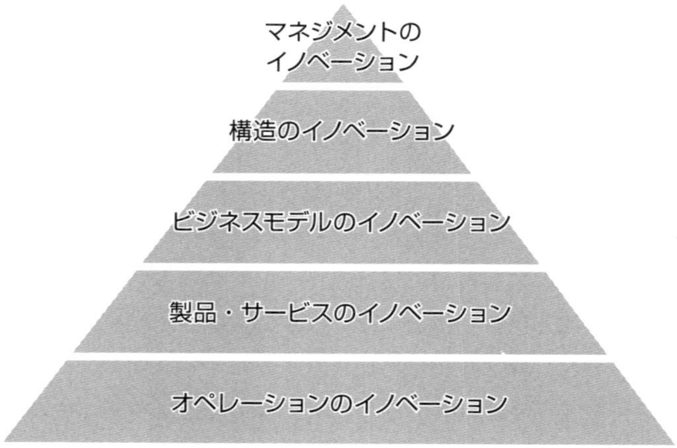

マネジメントの
イノベーション

構造のイノベーション

ビジネスモデルのイノベーション

製品・サービスのイノベーション

オペレーションのイノベーション

出典：ゲイリー・ハメル「インタビュー　いま、経営は何をすべきか」『DIAMONDハーバード・ビジネス・レビュー』2013年3月号に基づいて筆者作成

第 9 章 マネジメントのイノベーション

(1) オペレーションのイノベーション

ピラミッドの最下層に位置するオペレーションのイノベーションは、戦略的なものになる可能性を含むものの、製造の効率化を図る、あるいは、ビジネスプロセスをアウトソースするというように、基本的に、長期的な競争優位を生み出すものではないと考えられる。

(2) 製品・サービスのイノベーション

その上の層には、製品・サービスのイノベーションがある。新しい技術を活用し、開発される製品やサービスなどがこれに相当する。しかし、今日、こうしたイノベーションは短い期間で模倣され、その効果はすぐに失われてしまう。フリーのビジネスモデルは、IT という技術革新を活用して、ビジネスモデルを変えることを通じて、オペレーションのイノベーションとともに、製品・サービスのイノベーションを引き起こしていると考えることができる。

(3) ビジネスモデルのイノベーション

続いて、その上の層には、ビジネスモデルのイノベーションがあり、製品やサービスを超え、それらを生産し、顧客に届ける際に、どのような新しい方法を活用するかに関わっている。具体例としては、格安航空のエアアジアや家具量販店チェーンのイケアなどが挙げられる。ビジネスモデルのイノベーションは業界のルールを変えるので、競合他社はそれほど簡単に追いつくことができず、10年以上の優位性を与えてくれるという。

(4) 構造のイノベーション

さらに、その上の層には構造のイノベーションがある。新しいビジネスというよりも新たに統合された産業構造に関わるものといえる。例えば、アップルが音楽業界に対してiPodを通じて引き起こしたイノベーションがこれに相当する。MP3プレーヤーというハードウェアではなく、レコード会社を一堂に集め、これまでにない法的枠組で楽曲をインターネット上で販売することを同

135

第3部 イノベーション

意させ、業界のあり方を大きく変貌させた。このように、構造のイノベーションは、1社だけでなく、複数の企業を巻き込んでネットワークを形成し、産業構造自体を変えてしまう。第12章で論じるオープンイノベーションはこのような構造のイノベーションの一つであると考えられる。

(5) マネジメントのイノベーション

構造のイノベーションのさらに上のトップにあるのが、マネジメントのイノベーションであり、人間が働く、その方法自体を新しくすることである。これに成功すると、永続的な競争優位を得ることができる。ハメルは、世界最大のトマト加工業者であるモーニングスターをその事例として取り上げ、マネジャーをつくらない、自主管理を徹底させる方法にマネジメントの未来をみている。こうした課題については、バーンズ＝ストーカーが1960年代から注目し、機械型組織と有機型組織の類型を提示した上で、イノベーションのマネジメントついて考察している[5]。

マネジメントのイノベーションを起こす

それでは、どのようにマネジメントのイノベーションを起こすのか。ハメルは、形と機能を切り離すことを提言している。これまでは、階層組織という形に合わせ、その機能としてのマネジメントにヒエラルキー、官僚主義、手順主義などを活用している。ハメルは、マネジメントを「生産的結果を生み出すために、リソースを動員かつ組織化するために用いるツールと方法」と定義している[6]。階層組織をモデルにして、それを効率的に動かすマネジメント1.0から自由とコントロールを両立させるマネジメント2.0への道は実験の繰り返しによるという。

この実験を行う際に注意すべきこととして、いくつか留意点がある。第1に、問題解決にフォーカスし、変化に適応することがイノベーションを生み出す。第2に、古いモデルに新しい部品を結びつけるやり方はうまくいかない。組織モデルもネットワークモデルに切り替えていく必要がある。第3に、新しい原

第 9 章　マネジメントのイノベーション

則を基点にすることが求められる。従来の標準化、専門化、ヒエラルキー、調整、管理の原則を擁する管理のイデオロギーから自由のイデオロギーへのシフトを起こす。最後に、マネジメントのイノベーションには、絶えざる実験が必要であるという認識が大切となる。トップダウン型で行うのではなく、社員を巻き込んで進めることができる新たなプラットフォームを開発していくことが重要である。

ケースを分析する視点

　以上がハメルによるマネジメントのイノベーションに関する理論の概要である。これらの理論のインプリケーションを理解するために、後半では、ケースとして、様々なイノベーションを組み合わせることで、マネジメントの変革に取り組む相模屋食料を取り上げる。ケースを分析する視点を定めるために以下の4つの疑問を提示する。

Q1　どのようなイノベーションをきっかけにして、マネジメントの変革は起こるか。

Q2　異なるタイプのイノベーションはそれぞれどのような関係にあるか。

Q3　イノベーションを実施していく上で、何が推進力になるか。

Q4　成長を続けるために、どのような戦略が採用されているか。

■ ケース：相模屋食料

企業の概要

　相模屋食料は、1951年に設立され、群馬県前橋市に本社をおき、大豆加工食品（豆腐・油揚げ・厚揚げ等）製造および販売の事業展開を行う豆腐メーカーのトップ企業である。図表2にあるように、2003年2月期、売上高28.3億円から2017年2月期には売上高212億円までに増加し、10年あまりで7倍を超える

137

第3部 イノベーション

● 図表２　相模屋食料の売上高の推移

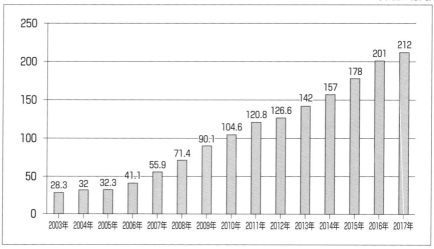

(単位：億円)

出典：日本食糧新聞社『食品メーカー総覧』と相模屋食料のホームページに基づいて筆者作成

急激な成長を遂げている。豆腐メーカーで初めて売上高100億円を突破し、200億円まで到達した[7]。

業界の動向

豆腐業界をみてみると、図表３のように、74％が従業員数20人以下の小規模事業者であり、100人以上の比較的規模の大きな企業は全体の４％しか存在しない。多くの事業所は自ら製造し、販売する個人経営による形態であると推定される。1960年に事業所数はピークにあり、その数は５万店以上であったものの、その後、一貫して減少を続けている。図表４のように、2010年には１万店を切り、2015年には7,525店にまで至っている[8]。販売額の減少と後継者不足のために豆腐製造業者は大幅に減少していると推定される。また、豆腐の原料となる食用大豆の約８割は輸入に頼り、主として北米から調達される。近年、需給の逼迫により国産大豆は値上がりし、輸入大豆価格も円安によって高止まりしている。

第 9 章　マネジメントのイノベーション

●図表3　豆腐・油揚製造業における規模別の事業所数シェア（％）

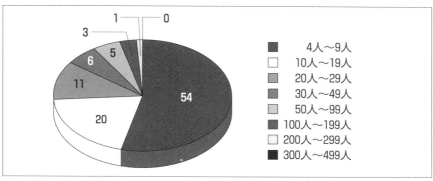

出典：経済産業省『平成26年工業統計表産業編データ』に基づいて筆者作成

●図表4　豆腐製造業の営業施設数の年次推移

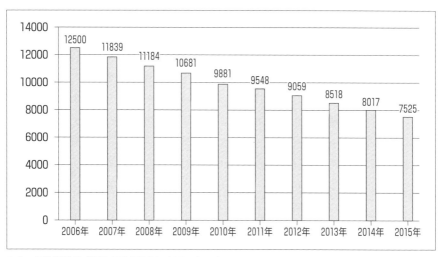

出典：厚生労働省「衛生行政報告例：結果の概要」
　　　http://www.mhlw.go.jp/toukei/list/36-19a.html

第 3 部　イノベーション

燃料費も資材費も上がっているにもかかわらず、コスト増を販売価格に転嫁できない深刻な状況にある[9]。

　豆腐という商品特性については、約 5 日程度と賞味期限の短い商品であり、在庫をもつことができない。その一方で、スーパーマーケットなどの小売の立場からみると、品切れを出せない日配品である。そのために、天候に合わせて、需要が大きく変動し、メーカーには即応性が求められる。さらに、特売品として扱われることも多く、小売からの注文に応じて日によって10倍、20倍になるケースもあり、それらに柔軟に対応するために、生産能力に余裕をもっている必要がある。

生産ラインの完全自動化

　こうした事業環境の中で、鳥越淳司社長は、2002年に相模屋食料に入社し、2004年には専務に就任し、マネジメントの変革に取り組むことになった。大きな転機は、2003年末にやってきた。当時、予算10億円、敷地面積3,500坪で工場を新設する計画をもっていた。その折、工場団地に6,000坪の空きが出るという話が入り、義父で当時、社長であった江原寛一氏に「ぜひ、やりたい」と電話し、親族、役員の大反対を押し切って第 3 工場の計画を決断した。鳥越社長は、木綿と絹豆腐という主力商品を短時間で、機動的に製造することで、「おいしいおとうふを安定的に生産・供給できるメーカー」として認知してもらえば、飛躍的に成長できると考えた。そのためには、生産ラインの完全自動化を導入し、オペレーションのイノベーションを引き起こす必要があった。

　豆腐の製造プロセスは、まず、大豆を洗い、水に漬け、ふくらんだ大豆に水を加えながら削り、砕いていく。次に、これを煮て、豆乳とおからに分け、最後に、豆乳ににがりを混ぜて寄せ、切る[10]。ここまでの作業については、多くの豆腐メーカーによって自動化されている。しかし、切った豆腐を水に入れ、温度を下げてから、パックに入れる工程はすべて手作業であるため、時間もかかり、生産ラインに人手が必要になる。第 3 工場では規模と生産効率を高める

ために、パック作業まで含めて完全自動化することを追求した。

●図表5　豆腐の製造過程

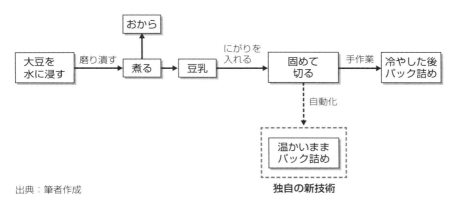

出典：筆者作成

　まず、産業用ロボットメーカーと打合せを繰り返し、試行錯誤の上で、豆腐を動かすことなく、パックを熱いままの豆腐にかぶせる『ホットパック方式』を採用した[11]。豆腐は動かすと、崩れやすいので、まさに逆転の発想だった。この方式を採用すると、1時間当たり8,000丁、1日120万丁の豆腐を生産することができ、水にさらすことがないので、味が落ちることもなく、また、菌も繁殖しにくくなり、賞味期限を3倍長くすることができた。その結果、これまでは難しかった流通販路を全国に拡大することができるようになる。このような世界唯一のシステムを稼働することができれば、短期間での模倣も難しく、高い参入障壁を構築することができると鳥越社長は考えた。

資金調達

　また、この計画を実現する上では、売上高が約30億円のときに、約40億円の設備投資を必要とすることがわかり、資金調達のためにメインバンクを中心に金融機関と相談することになった。自社の取組みとして、商品数を削減し、利益率を上げ、また、品質管理を徹底するためにISO9001認証を取得しているこ

第 3 部 イノベーション

とを説明した。併せて、新工場を稼働させ、増産を図る中で、どのように原料を調達し、販売ルートを開拓し、どの程度利益を生み出し、返済をしていくか、地域の経済発展という目的を地方銀行と共有することで、理解を得ることができた。その結果、メインバンクを中心に9社の金融機関とシンジケートローンを組むことで、資金を確保することに成功した。

流通チャネルの開拓

さらに、流通チャネルの開拓については、コープネット事業連合、日本生協連に構想を伝え、工場を視察してもらった。もし、コープを通じて販売できれば、関東圏全域に豆腐を安定供給できる。しかし、食品については安全安心が第一であり、他の工場とも品質のレベルを統一する必要もあったため、工場視察の結果、改善項目が1,000個以上も指摘されることになった。「機器の洗浄はどこをどのくらいの頻度で実施するか」、「消耗品はいつ交換するか」など、クリアすべき課題は多かった。こうした改善項目をコープからの協力を仰ぎながら克服することが、高い水準の生産基準を達成することにつながった。また、「見せる工場」として取引先を招いて、製品だけでなく、生産設備で差別化を追求していることを伝えることで、流通販路を開拓した。

大幅な設備投資に対応して、様々な合理化を図った。例えば、エリアと量の拡大に合わせて、配送ケースを段ボールに変えることによって作業を合理化し、特定の店でのシェアを上げることによって、配送コースを簡略化し、トラックを大型化するなど、配送の合理化とコスト削減にも取り組んだ。また、工場の省スペース化、縦移動を少なくすることで、電気代を節約し、運搬効率を上げ、新たな製法を模索することで生産効率を高めていった。さらに、工場の規模に応じてフォーマット化し、M&Aにおいて買収先の規模にも対応能力を向上させた。

エリアの拡大とM&A

相模屋食料は、群馬県を本拠地にしているので、関東圏での対応力を高める

第 9 章　マネジメントのイノベーション

ために、神奈川県に拠点をもつことは重要であった。そのため、2012年にデイリートップ東日本（神奈川県）を子会社化し、2014年には、秀水（栃木県）、群糧（群馬県）を子会社化した[12]。デイリートップ東日本の子会社化は、このことに貢献するだけでなく、静岡県より西へエリアを広げる上でも重要な役割を果たすことが期待された。秀水は、中・高価格の商品を得意としており、買収により高付加価値商品の強化と栃木県での製造拠点を獲得し、北関東での地盤固めを進めている。関西圏など全国での展開を見据えて、M&Aのノウハウを蓄積している。

新商品の開発とコラボレーション

　商品開発では、様々な企業とのコラボレーションを活用し、次々と斬新な商品の投入を図っている。2012年には、アニメ「機動戦士ガンダム」のキャラクターをかたどった「ザクとうふ」が大ヒットした。また、料亭「菊乃井」とコラボレーションし、プレミアム豆腐「菊乃井とうふシリーズ」を開発した。さらに、不二製油と協力し、女性をターゲットとした「ナチュラルとうふ」をリリースし、デザート感覚で豆腐を楽しめるようにした。

　この他にも外出先で豆腐を気軽に食べられる新容器の開発にも取り組んでいる[13]。話題性のある商品のコラボレーションを通じて開発することで、顧客層を拡大するとともに、認知度を高め、全国での事業展開の基盤を構築している。

成長戦略

　さらなる成長を目指して、エリア拡大、生産力の向上、商品開発の強化、M&Aを急速に進めている。

　エリア展開については、豆腐のおいしさやおもしろさを伝えていく情報発信の拠点として東京オフィス、相模屋食料の豆腐の新たな食シーンを伝えていく地域密着のセールスの拠点として大阪オフィスと仙台オフィスを開設している[14]。

　生産力の向上については、2016年2月、3月には、それぞれ赤城工場、神戸

第3部 イノベーション

工場を稼働させている。特に、赤城工場では、狭い土地でも工場建設を可能にするために、多層階で生産できるモデル工場を設立した。建物の1階は製造した商品を保管する大型冷蔵設備とし、2階に生産ラインを設置、3階に事務所などが入っている[15]。

商品開発の強化については、厚揚げで新商品を続々と投入し、また、レンジで調理できる「とうふ麺シリーズ」についても新作をリリースするとともに、生産力をアップさせている[16]。

M&Aについては、2014年には、不二製油と共同で企画、開発、マーケティング力の強化、共同生産、共同購買などを狙って、戦略的業務提携を行った。2017年には、不二製油の大豆加工製造業者の石川サニーフーズを子会社化している[17]。

■ まとめ

ケースをサマリーすると、相模屋食料は、工場の自動化というイノベーションをきっかけにして、おいしさと賞味期限について商品価値を向上させ、また、生産効率の改善を果たしたことによって、エリアを拡大することを可能にした。エリアの拡大については、アライアンスとM&Aを積極的に活用し、販路を拡大するだけでなく、品質向上、物流の効率化にもつなげている。また、商品開発にも注力し、アライアンスをフル活用して、認知度の向上を進めている。

ケースを分析するために設定した4つの疑問からレビューする。

Q1 どのようなイノベーションをきっかけにして、マネジメントの変革は起こるか。

相模屋食料の場合、ハメルがイノベーションの多層構造の最下層にあるとするオペレーションのイノベーションをきっかけにして始まっていることがわかる。

第 **9** 章　マネジメントのイノベーション

Q2　異なるタイプのイノベーションはそれぞれどのような関係にあるか。

　　オペレーションのイノベーションは、製品のイノベーションにつながっていて、商品のおいしさ、賞味期限の延長を可能にしていた。取引先への対応能力を向上させることで、事業拡大を行うだけでなく、エンドユーザーである消費者の価値を高めることで、商品の差別化を可能にしている。オペレーションと製品のイノベーションは、さらに、業務プロセスの見直しによるビジネスモデルと様々な企業とのコラボレーションを通じて構造のイノベーションを引き起こしている。このように、タイプの異なるイノベーションが相互にフラットに結びつく中で、マネジメントの変革を推し進めている。

Q3　イノベーションを実施していく上で、何が推進力になるか。

　　それぞれのイノベーションにおいて、経営者が業界の常識にとらわれることなく、外部とのアライアンスを通じて、様々なアイデアを取り入れていることがイノベーションの推進力になっている。

Q4　成長を続けるために、どのような戦略が採用されているか。

　　基本的には、エリアの拡大が成長戦略の根幹にあり、M&Aを活用するとともに、生産拠点、販売拠点の充実を図っている。豆腐を中心とした商品のバリエーションを広げることで、新しい顧客層にアプローチして、市場の拡大自体にも大きな力を注いでいる。

注

1　ヨーゼフ・シュムペーター『経済発展の理論　上・下』岩波書店、1977年、ヨーゼフ・シュムペーター『企業家とは何か』東洋経済新報社、1998年。

2　D'Aveni, R.A., *Hypercompetition*, Free Press, 1994、リタ・マグレイス『競争優位の終焉』日本経済新聞社、2014年。

3　ゲイリー・ハメル「マネジャーをつくらない会社」『DIAMONDハーバード・ビジネス・レビュー』2012年4月号、ゲイリー・ハメル「インタビュー　いま、経

145

営は何をすべきか」『DIAMONDハーバード・ビジネス・レビュー』2013年3月号、ゲイリー・ハメル『経営は何をすべきか』ダイヤモンド社、2013年。

4　ケースの記述は、相模屋食料のホームページ（https://sagamiya-kk.co.jp/）と以下の文献に基づいている。鳥越淳司『「ザクとうふ」の哲学』PHP研究所、2014年、山中浩之「内需開拓の研究　相模屋食料」『日経ビジネス』2012年12月10日号、「『ザクとうふ』の大ヒットは数字無視と定番8割で」『日経アソシエ』2013年10月号、「強みを生かし、弱みを克服　成熟市場の閉塞を打破　相模屋食料」『日経トップリーダー』2012年8月号、北方雅人「編集長インタビュー　鳥越淳司氏［相模屋食料社長］　中小企業は感覚で経営する」『日経トップリーダー』2017年2月号。

5　Burns, T. and Stalker, G.M., *The management of innovation*, Oxford University Press, 1994.

6　ゲイリー・ハメル「インタビュー　いま、経営は何をすべきか」『DIAMONDハーバード・ビジネス・レビュー』2013年3月号、60ページ。

7　相模屋食料「企業概要」（http://sagamiya-kk.co.jp/company/outline.html）。

8　厚生労働省『平成27年度　衛生行政報告例の概況』（http://www.mhlw.go.jp/toukei/saikin/hw/eisei_houkoku/15/）。

9　「豆腐業界　小売業者の発言力高まり価格交渉力が消滅」『日経ビジネス』2015年8月18日号。

10　全豆連「豆腐の製法」（http://www.zentoren.jp/knowledge/method.html）。

11　長場景子「相模屋食料がロボット14台で豆腐製造を効率化　新工場の厚揚げ生産にもパラレルリンク型ロボ」『日経Robotics』2017年2月号。

12　「相模屋食料　豆腐最大手、M&Aで拡大」『日本経済新聞社』地方経済面、北関東、2015年3月7日、「大豆卸と同業、傘下に」『日本経済新聞』地方経済面、北関東、2013年10月9日、「栃木の豆腐メーカー買収」『日本経済新聞』地方経済面、北関東、2014年1月30日。

13　「相模屋食料、カップ入り豆腐」『日本経済新聞』地方経済、北関東、2015年7月24日。

14　相模屋食料「エリア展開について」（http://sagamiya-kk.co.jp/spirit/area.html）。

15　「相模屋食料赤城工場　豆腐・厚揚げ増産　『多層階で生産』モデルに　戦略拠点の今」『日本経済新聞』地方経済、北関東、2017年5月19日。

16　「『とうふ麺』生産能力5倍　相模屋食料　健康志向追い風」『日経MJ流通新聞』2017年3月1日、「厚揚げ新商品続々　相模屋食料　人気シリーズや煮物」『日本経済新聞』地方経済、北関東、2017年9月17日。

17　相模屋食料ニュースリリース「相模屋食料株式会社と不二製油株式会社との戦略的業務提携に関するお知らせ」（https://www.sagamiya-kk.co.jp/corporate/

corporate_2014_12/2248)、「大豆加工の石川サニーフーズ　相模屋食料が子会社化」『日本経済新聞』地方経済、北関東、2017年10月4日。

第10章 フリーのビジネスモデル

■ はじめに

　ヨーゼフ・シュムペーターは「新結合」という概念を提示し、イノベーションについて基本的な考え方を説明している。新結合の形態としては、新しい財貨の生産、新しい生産方法の導入、新しい販売先の開拓、原料あるいは半製品の新しい供給源の獲得、新しい組織の実現（独占の形成やその打破）が挙げられる[1]。つまり、新しい生産要素を組み合わせることによって、新しい製品やサービス、オペレーション、マーケット、素材、組織を作り出す。本章では、新結合というイノベーションを生み出す起爆剤の一つと考えられる情報技術（IT）のインパクトを考える。

　1990年代に登場したインターネットによって新しいビジネスが生み出される期待が高まり、この時期、ビジネスモデルという考え方に注目が集まるようになった[2]。実際、インターネットなどを活用し、イノベーションを引き起こすことで、アマゾン、アップル、グーグル、イーベイ、フェイスブック、ウーバーなどの新興企業が登場し、大きく成長を遂げた。それでは、ITがインフラストラクチャーとしてビジネスに取り入れられ、浸透していく中で、どのような本質的な変化が社会や経済に生み出されたのだろうか。

　本章では、この問いへの一つの答えを探るために、「フリー」というビジネスモデルを取り上げる。フリーという言葉は、「ロングテール」というアイデアの提唱者で知られるクリス・アンダーソンの著書を通じて、広く認識されるようになった。『フリー』という著書の概要をみることで、ITによってどのようなタイプのビジネスモデルが導入されるようになったか、その理論的な意義を考える[3]。続いて、ケースでは、熊本県がくまモンというキャラクターを活

第 10 章　フリーのビジネスモデル

用し、県のPRを展開した事例を取り上げる。通常、ライセンスビジネスでは
ライセンシーからライセンスロイヤリティを徴収することで成り立つ。これに
対して、くまモンについてはロイヤリティフリーの考え方が取り入れられてい
る[4]。

■ 理論：フリーのビジネスモデル

ITのインパクト

アンダーソンは、米国の雑誌『ワイヤード』誌の元編集長であった。ジャー
ナリストとしての感覚を生かし、ビジネス上の新しい動きをいち早くキャッチ
し、そこに含まれる変化を著作にしている。特に、ITがビジネスにもたらす
変化を巧みに捉え、概念化した代表的なコンセプトの1つに、ロングテールが
ある。アマゾンやイーベイのように、ITを活用し、新しいビジネスを展開す
る企業はリアル店舗ではないことを生かし、ニッチ商品まで幅広く商品を集め
ることで、売上を伸ばすことに成功していると指摘した。また、ウェブ上にマ
ーケットを開くことによって、これまで商品にアクセスできなかった人に出会
いの場を作り、ビジネスを成立させる姿を論じている。

ITは何を変えたのか

アンダーソンは、ITがビジネスのインフラストラクチャーとして定着する
ことによって、どのような変化が実際に起きているのか、という本質的な問い
を提示する。つまり、インターネット上でビジネスが実現されるとき、何が本
質的に変わったのかが、問われなければならないという。というのは、インタ
ーネットを活用した新しいビジネスの多くは、実際にはすでに存在している社
会現象をネット上に実現することによって、既存のビジネスを置き換えること
も少なくないからである。しかもその多くは、これまで貨幣経済にのることの
なかったような社会現象がITを通じてビジネス化されている[5]。

149

第 **3** 部 イノベーション

質的変化の一つとして、情報を伝達する場合、複製のためにほとんどコストがかからなくなったことが挙げられる。デジタルの流通システムにのることは、限界費用を限りなくゼロに近づける。特に、書籍、雑誌、新聞というメディアで伝達される文字情報は、物理的な書籍や紙媒体がなくても流布することが可能になった。また、音声や映像の情報についても、音楽、映画、ドキュメンタリーなどの作品を必ずしもCDやDVDなどの物理的媒体にしなくても、販売できる。さらに、アプリケーションのようなものもダウンロードすれば、コンテンツ自体を売買できる。情報を伝達するコストが限りなくゼロに近くなるとき、時空を超え、自由に情報を交換することで、新しいビジネスを生む基盤が整えられる。

４つのビジネスモデル

ここで使われるフリーという言葉には、自由であること、無料であるということの2つの意味が含まれ、アンダーソンは、フリーを「費用から自由になること」と定義している。フリーというコンセプトから派生するビジネスモデルには、4つの基本的なタイプがある。前の2つは旧来からあるタイプで、後の2つは新しく生まれたタイプである。

⑴　直接的内部相互補助

直接的内部相互補助とは、図表1のように、フリーで消費者を呼び寄せた上で、それ以上のものを買ってもらう仕組みである。基本料金を無料にし、その周辺に世界規模の大きな経済を生み出すというフリーのプロトタイプ（原型）といえる。具体的には、製品を無料で配布し、消耗品を有料で販売するということによって、ビジネスを成り立たせるモデルである。このモデルにはバリエーションが豊富にあり、ソフトウェアは無料で、ハードウェアは有料、携帯電話は無料で、通話は有料などがある。

第 10 章　フリーのビジネスモデル

● 図表 1　直接的内部相互補助

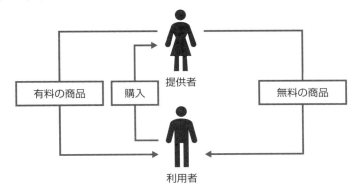

出典：クリス・アンダーソン『フリー　＜無料＞からお金を生みだす新戦略』日本放送出版協会、2009年に基づいて筆者作成

(2)　三者間市場

　図表2のように、三者間市場では、二者が無料で交換することで市場を形成し、第三者がそこに参加するための費用を負担する。具体的には、マスメディアにみられる仕組みであり、テレビやラジオなどの放送が挙げられる。テレビ

● 図表 2　三者間市場

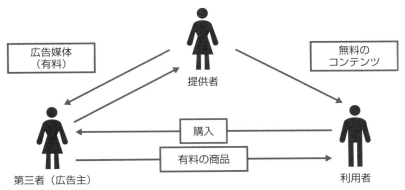

出典：クリス・アンダーソン『フリー　＜無料＞からお金を生みだす新戦略』日本放送出版協会、2009年に基づいて筆者作成

151

やラジオの番組を無料で見たり、聞いたりできるが、実際には、広告主がスポンサーとして番組制作費を出すことによって、費用を負担している。これに対して、広告主は視聴者に製品を購入してもらうことで、そのコストを賄うモデルとなっている。

(3) フリーミアム

　図表3のように、フリーミアムとは、基本製品ユーザーは無料で、プレミアム製品を利用するユーザーに課金する仕組みである。ソフトウェアの販売にしばしば利用される。例えば、ウィルスソフトの場合、最低限の機能をもつソフトは無料で配布され、さらに、高度な機能を求める顧客から料金が徴収される。無料の客からユーザーを取り込み、顧客に利用価値を理解してもらう中で、ロイヤルカスタマーに仕立てていく。このモデルの場合、課金方法として、商品の購入代ではなく、年会費方式をとることで、継続的にお金を支払ってもらう方法がしばしば採用される。

●図表3　フリーミアム

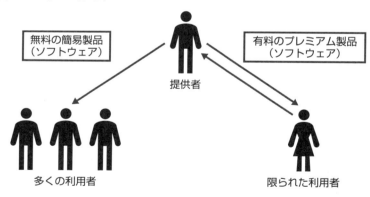

出典：クリス・アンダーソン『フリー　＜無料＞からお金を生みだす新戦略』日本放送出版協会、2009年に基づいて筆者作成

(4) 非貨幣市場

非貨幣市場では、図表4のように、製品あるいはサービスの製造者は、対価を期待せずに製造したものを無料で消費者に提供する。消費者はこれに対して注目や評判という貨幣化されないものを返礼として返す。このモデルでは、ウェブ上の百科事典であるウィキペディアや不用品をリサイクルするNPOのフリーサイクルなどが実例として挙げられる。

●図表4　非貨幣市場

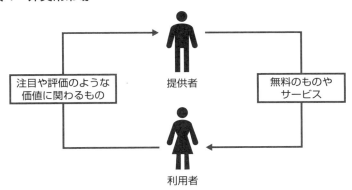

出典：クリス・アンダーソン『フリー　＜無料＞からお金を生みだす新戦略』日本放送出版協会、2009年に基づいて筆者作成

収益モデルの開発

新しいビジネスモデルを成功させるためには、収益モデルをどのように構築するかが鍵の1つになる。ITの進化によって、限りなくコストフリーになるものが増えることで、フリーのコンセプトを生かしたビジネスモデルが生まれる。しかし、フリーのビジネスモデルは基本的に薄利多売であるので、最大化戦略を活用し、最大の市場にリーチし、大量の顧客をつかまえる必要がある。グーグルのように、無料のサービスを利用者に提供しつつ、大量のユーザーをグーグルに関わらせ、利用結果をビジネスに結びつけることで最終的に収益化を図っている。

第3部 イノベーション

　経済人類学者のカール・ポランニーは取引形態には、互酬、再分配、市場交換の3つがあると述べている。フリーのビジネスモデルは貨幣経済化される市場交換だけでなく、非貨幣経済である互酬や再分配を貨幣経済に取り入れることで、経済を拡張させているといえる。これまで市場に取り込まれて来なかったものがITによって市場化されたと理解することができる[6]。

ケースを分析する視点

　以上がアンダーソンの提唱するフリーというビジネスモデルのサマリーである。続いて、フリーのビジネスモデルがどのように活用されているかを検討するために、熊本県が仕掛けたPRキャラクター、くまモンを事例として取り上げる。フリーのビジネスモデルの理論的な有効性を考察するために、以下の4つの疑問を設定しておく。

> Q1　何がフリーで提供され、どのように収益を確保しているか。
> Q2　どのタイプのビジネスモデルが採用されているか。また、その理由は何か。
> Q3　持続可能な仕組みを生み出すために、どのような工夫が施されているか。
> Q4　その後、影響力を広げるために、どのような施策が採用されているか。

■ ケース：くまモン

PRキャラクターとして

　くまモンは、国内だけでなく、東南アジアでも急速に人気上昇しているキャラクターである。もともとは、2011年3月12日の九州新幹線全線開通へ向けたPRキャラクターとして、2010年2月に登場した。命名の由来は、くまもと者（も

ん）を略した「くまもん」からきている。九州新幹線が全線開通することは大きなチャンスであるものの、途中駅である熊本は素通りされるリスクがあった。そこで、関西地域における熊本の認知度向上を目指すために、「KANSAI戦略」をスタートさせた。これが大きな成果を上げたこともあり、新幹線開通後も熊本をPRする活動を継続させた。2011年にはゆるキャラグランプリを獲得し、2013年の大晦日には紅白歌合戦への出演も果たした。

●図表5　くまモン利用商品の売上および観光客増加による経済波及効果

（単位：億円）

	2011年11月〜12月	2012年	2013年1月〜10月	合計
経済波及効果（合計）	7	608	729	1,244

出典：日本銀行熊本支店『くまモンの経済効果』2013年12月26日
http://www3.boj.or.jp/kumamoto/tokubetsu_chosa/20131226kumamon.pdf

　図表5のように、日本銀行熊本支店の試算によると、2011年11月から2013年10月の2年間に熊本県への経済波及効果は合計で1,244億円、テレビや新聞などに取り上げられることによるパブリシティ効果は90億円以上と見積られている。

基本コンセプト

　蒲島郁夫熊本県知事は、くまモンを活用したPR戦略を進めていく上で、くまモンのイラストの利用許諾を行う際に、県外事業者を含めて、ロイヤリティを一切とらないという「楽市楽座」の方針を打ち出した。この楽市楽座の方針によって、無償で自発的な参加を核とするくまモンの共有空間が生まれ、その無限の拡張を可能にすることを基本コンセプトにしている。くまモンの共有空間とは、「県民、県内外のファン、事業者、マスメディア等、様々な主体がくまモンに関する活動を展開する、現実世界と仮想世界に広がる空間」のことをいう[7]。

　くまモンの共有空間は、「分権的」、「開放的」、「互酬的」という3つの要素

によってデザインされる。分権的とは、全体をコントロールする主体はなく、各参加者が思い思いの形で活動に加わっていることである。開放的とは、人種、国籍、年齢、ジェンダーもなく、地球の裏側からでもインターネットを活用し、誰でも参加できることを意味する。互酬的とは、通常の市場交換の取引のように、一度の取引で完結するのではなく、回りまわったやり取りの中で参加者が相互にくまモンの共有空間から幸福（＝利益）を引き出すウィンウィンの関係性を形成することを意味する。

ビジネスモデル

次に、くまモンのロイヤリティフリーのビジネスモデルがどのように設計されているかをみる。当初、キャラクターを利用した商品開発はできなかった。しかし、熊本県がくまモンのデザイナーから著作権を買い取ったために、県の許可を得れば、無償でくまモンを活用した商品開発ができるようになった。くまモンのブランド化を図るために、①くまモンのブランド価値を向上する、②くまモンと熊本の関連性を強化する、③そのための持続可能な仕組み作りをする、という方針が固められた。

キャラクタービジネスでは、商品にキャラクターを使用する場合、小売価格の数パーセントをライセンスロイヤリティとして徴収することが一般的である。くまモンの場合には、このライセンスロイヤリティを無料にした。しかし、使用に当たってはいくつか条件があり、熊本県外の商品などにくまモンを使う場合には、熊本をPRする文字やイラストを入れることを求められる。また、全国に展開する県外の食品会社には、熊本県産の食材を使った商品を作るように依頼している。例えば、期間限定で発売された江崎グリコ「やさしい甘さのPocky ミルクココア」では、熊本県産のジャージー牛乳が使用された。

その結果、2010年にくまモンが誕生してから、2013年までに8,000種類を超す商品に使われ、いまなお利用申請が増え続けている。図表6のように、2013年では、くまモンを利用した商品の売上高は、449億円に達し、そのうち約7割が県内事業者の取扱いになっている。ロイヤリティフリーによって、市場交

第 **10** 章　フリーのビジネスモデル

換取引だけではなく、互酬の考え方が取り入れられている。

●図表6　くまモン利用商品（2013年）

単位：億円

	グッズ	営業部長案件	食品等	合計
県内	88		232	321
県外	79	26	24	128

＊端数処理のため計は合わない

出典：蒲島郁夫、正木祐輔「くまモンの『ロイヤリティフリー』戦略」『中央公論』2014年4月号

SNSを活用したプロモーション

　九州新幹線の開通に合わせたPR予算は8,000万円と限られていたこともあり、プロモーション活動については様々な工夫が凝らされた。1つはメディアミックスとストーリーの活用である。まずは、起点となる大阪で熊本の認知度を向上させることを目標とし、くまモンの存在を知らせるために、阪神甲子園球場にくまモンの看板を設置した。続いて、話題を作るために、「くまモン神出鬼没大作戦」を始め、大阪中央公会堂、通天閣、大阪城など注目されやすいスポットにくまモンを出現させ、その活動報告をブログ、ツイッターなどにアップした。くまモンを偶然見かけた人がSNSを通じて話を広げることで、参加型プロモーションへと発展していった。また、イベントなどに参加した際には、新聞やテレビなどのニュースで取り上げられたため、広告宣伝費を使うことなく、マスメディアに露出することができた。

トップのコミットメント

　県知事という自治体トップのコミットメントが高いこともプロモーションを進める上で効果的であった。臨時職員として採用されたくまモンは2010年10月に「くまもとサプライズ特命全権大使」に任命され、辞令交付に際し、記者会見を開き、1万枚の名刺を配布する活動を開始した。名刺は32種類あり、各地でくまモンの名刺を配布することで、話題を作るとともに、種類を豊富にする

第 3 部 イノベーション

ことで、名刺を集める楽しみを生み出した。ストーリーの活用については、くまモンが失踪したという設定にし、「くまモンを探せ大作戦！」を始めた。名刺を1万枚配布するミッションを与えられたくまモンが大阪のおいしいものの魅力に取りつかれ、音信不通になったものの、みんなの声に励まされ、ミッションを思い出し、無事にやり遂げるというストーリーにした。そのプロセスをツイッター、ユーチューブなど、様々なメディアを通じて、くまモンのフォロワーに参加してもらうという仕掛けである。ストーリー性をもつメディアミックスは、自発的な参加と開放性を含んでいる。

　当初、くまモンは臨時職員として活動を始めた。しかし、前述したように、くまもとサプライズ特命全権大使になり、2011年には活動の成果を認められ、営業部長に昇進した。名目だけのものではなく、知事、副知事、部長で構成される庁議にも出席するようになった。2014年にはしあわせ部長を兼任し、くまモンのブランド価値向上を通じて、熊本をPRする活動を継続的に行っている。ここにもストーリー性が取り入れられている。

　くまモンの強みは、やんちゃなキャラクターと設定され、機敏に動くことができ、公務員という立場をもち、シンプルなデザインが汎用性をもつということにある。くまモンが幼稚園や保育園を訪問し、くまモン体操を披露した際、最初は怖がられることもあった。ところが、キャラクターの認知度が高まるとともに、子どもにも愛されるようになり、イベントへの集客力を高め、子どもとのコミュニケーションを図っている。子どもをメディアとして活用することで、自発的な参加を高めている。

　さらに、関西から全国へ、全国から世界へと広げる国際化にも取り組んでいる。グローバルな認知度を高めるために、アジアを中心にして積極的にイベントを実施している。アメリカでは蒲島知事が母校であるハーバード大学で講演を行ったときに、くまモンも参加している。

第 **10** 章　フリーのビジネスモデル

■ まとめ

　ケースをサマリーすると、くまモンというキャラクターは周到に準備された戦略と参加者を巻き込む即興性を組み合わせることで、くまモンのブランド価値を高めている。通常のキャラクタービジネスでは、キャラクターのライセンスを供与することで、ロイヤリティを手に入れるというモデルになり、物販によってビジネスは完結する。しかし、主体が地方自治体ということもあり、フリーのビジネスモデルを戦略的に取り入れ、ブランド価値から生まれる利益を地域に還元するモデルを構築している。くまモンを利用する主体がお互いに利益を分け合う仕組みを作ることで、フリーの第4型の非貨幣市場がうまく取り入れられている。

　ケースを分析するために設定した4つの疑問からレビューする。

Q1　何がフリーで提供され、どのように収益を確保しているか。

　　キャラクタービジネスについては、くまモンを無料で商品に活用できるようにし、地域に利益が還元されるように、地元の特産品を使用し、あるいは、熊本をPRする内容を盛り込むことで、利益がもたらされる。

Q2　どのタイプのビジネスモデルが採用されているか。また、その理由は何か。

　　非貨幣市場というフリーのビジネスモデルが活用され、お金にはならない評判や楽しみで巻き込む仕組みを構築している。くまモンの活動は自らのブランド価値を高めるものである。自律的で開放的な参加が促されることで、非貨幣市場がブランド価値に流れ込み、大きくその価値を高める効果を生み出す。このような仕組みが構築できるのは、地方自治体という組織が中心的な主体であり、自らの利益のみを求めるよりは、集めた利益をどのようにシェアし、再分配するかが組み入れられているからである。

159

第 3 部　イノベーション

Q3　持続可能な仕組みを生み出すために、どのような工夫が施されているか。

　プロモーション活動自体が参加者を巻き込むことで成り立ち、SNS、マスメディアを組み合わせたメディアミックス、そこにストーリー性を組み入れ、さらには、県知事のトップによる高いコミットメントが相乗効果を生み出すように工夫されている。

Q4　その後、影響力を広げるために、どのような施策が採用されているか。

　くまモンというキャラクターの当初の目的を達成すると、その活躍の場を関西エリアだけでなく、国内に広げ、さらには、東南アジアを中心に海外まで拡大させている。

注

1　ヨーゼフ・シュムペーター『経済発展の理論　上・下』岩波書店、1977年。
2　ジョアン・マグレッタ「ビジネスモデルの正しい定義」『DIAMOND ハーバード・ビジネス・レビュー』2014 年 4 月号、C. Zott, R. Amit and L. Massa, "The Business Model: Theoretical Roots, Recent Developments, and Future Research," *Working Paper*, WP-862, IESE, 2010, D. Teece, "Business Models, Business Strategy and Innovation", *Long Range Planning*, Vol. 43, 2010.
3　クリス・アンダーソン『フリー　＜無料＞からお金を生みだす新戦略』日本放送出版協会、2009年、クリス・アンダーソン『ロングテール「売れない商品」を宝の山に変える新戦略』早川書房、2014年。
4　ケースの記述は、以下の文献に依拠している。熊本県庁チームくまモン『くまモンの秘密』幻冬舎、2013年、蒲島郁夫『私がくまモンの上司です』祥伝社、2014年、蒲島郁夫、正木祐輔「くまモンの『ロイヤリティフリー』戦略」『中央公論』2014年 4 月号、「稼ぐキャラクター・くまモン、5 つの成功の秘密」『日本経済新聞電子版』2013年10月28日（http://www.nikkei.com/article/DGXNASFK2400Y_U3A021C1000000/）、日本銀行熊本支店『くまモンの経済効果』2013年12月26日（http://www3.boj.or.jp/kumamoto/tokubetsu_chosa/20131226kumamon.pdf）、K. Isomura, K. Suzuki and K. Tochimoto, "The evolution of characters business

models in Japan: Duffy, Hello Kitty and Kumamon, *Strategic Direction*, Vol. 31, No.4, 2015.

5　江下雅之『ネットワーク社会の深層構造』中央公論新社、2000年。

6　カール・ポランニー『人間の経済　1・2』岩波書店、1980年、カール・ポランニー『[新訳] 大転換』東洋経済新報社、2009年。

7　蒲島郁夫、正木祐輔「くまモンの『ロイヤリティフリー』戦略」『中央公論』2014年4月号。

第11章 ビジネスモデルイノベーション

■ はじめに

　1990年代に入り、インターネットが登場する。その技術的インパクトによってビジネスが大きく変化する可能性に注目が集まり、ビジネスモデルという考え方が盛んに取り上げられるようになった[1]。しかし、2000年代になると、激しい競争の中でいったん確立されたビジネスモデルが陳腐化するスピードも急激に速まった。その結果、ビジネスモデルイノベーションをどのように実行するのか、経営者の関心が集まるようになった。実際、IBM Global Business Servicesの調査によると、グローバル企業におけるCEOの約3分の2がビジネスモデルの本格的な転換に取り組んでいるという[2]。

　本章では、ビジネスモデルにどのようにイノベーションを起こすことができるか、マーク・ジョンソンらの理論を中心に取り上げ、その概要を解説する[3]。また、ケースでは、製造小売（SPA）のビジネスモデルを活用し、眼鏡業界に新規参入を果たしたジンズ（2017年4月、ジェイアイエヌから商号変更）がどのようにビジネスモデルを進化、革新させているかを考える[4]。

■ 理論：ビジネスモデルイノベーション

ビジネスモデルとは何か

　まずは、ビジネスモデルとはどのようなものか、簡単にその定義をみていくことにしよう。ジョンソンによると、「ビジネスモデルとは、ビジネスが顧客と企業の双方にとっての価値をどのようにして創造・提供するか表現したもの

第11章 ビジネスモデルイノベーション

●図表1　ビジネスモデルの4つの基本要素

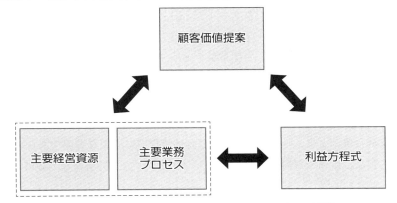

出典：マーク・ジョンソン『ホワイトスペース戦略』CCCメディアハウス、2011年

である」と定義される[5]。図表1のように、ジョンソンらは、ビジネスモデルを構成する要素として、顧客価値提案、利益方程式、主要経営資源、主要業務プロセスの4つがあるとしている。それぞれを順にみていくことにしよう。

ビジネスモデルを構成する4つの要素

(1) 顧客価値提案

ジョンソンらは、企業のターゲット顧客が抱えている重要なニーズや課題に対処しようとし、解決策を必要とする基本的な問題のことをジョブと呼んでいる。企業は、顧客が抱える課題を解決し、ニーズを満たすことで、顧客に対して価値提案を行い、これが顧客価値提案と呼ばれる。この顧客価値提案がビジネスモデルの根幹を成している。

(2) 利益方程式

利益方程式とは、どのように価値を創造するのかと同時に、どのようにその価値を顧客に提案するのかを定義する青写真を意味する。具体的には、収益モデル、コスト構造、利益率モデル、資源回転率などが含まれる。収益モデルに

第 3 部　イノベーション

よって、どのような価格でどのぐらいの量を販売するかを設定する。また、コスト構造によって、事業を実行する上で、コストをどのように振り分けるかを明らかにする。利益率モデルでは、個々の取引によって期待利益水準がどのぐらいに到達するかを想定し、目標数量を達成するためには、どれぐらいのスピードで経営資源を活用する必要があるか、資源回転率の視点から検討する。

(3)　主要経営資源

　主要経営資源とは、利益を生み出す顧客価値提案に必要な資源であり、人材、技術、製品、設備や機器、流通チャネル、ブランドなどの資産などが考えられる。

(4)　主要業務プロセス

　主要業務プロセスとは、顧客価値を提供できる業務プロセスと経営プロセスであり、研修、開発、製造、予算編成、企画、営業、サービスなどがある。また、投資、信用条件、リードタイム、サプライヤーとの取引条件などの社内ルールと評価基準、あるいは、投資を回収できるだけの規模、顧客と流通チャネルにアクセスできるかどうか、事業を実施していく上での最低基準なども含まれる。

4つの要素の関係

　このように、ジョンソンらは、ビジネスモデルを構成する4つの要素を提示しているが、それらがどのような関係にあるかを考えておこう。主要経営資源、主要業務プロセスは、ポーターのいうバリューチェーンと基本的に同じ考え方であり、製品やサービスを生み出すために必要な経営資源と業務プロセスを示している。つまり、製品とサービスを生み出すオペレーションシステムを経営資源と業務プロセスが構成する。このオペレーションシステムは、顧客価値提案と利益方程式という2つの視点から絶えず見直される必要がある。

　つまり、経営資源と業務プロセスから生み出される製品やサービスが顧客に

164

対して十分な価値をもつかどうかという視点から製品やサービスは見直される。その結果、経営資源と業務プロセスも改善される。これに対して、顧客価値を生み出す製品やサービスが生み出され、そのためのオペレーションシステムが構築されても、利益を生み出す仕組みが作れないと、持続的にビジネスを継続することができない。そのために、どのように利益を十分に生み出せるか、オペレーションシステムを練ることが求められる。

ビジネスモデルの開発ステップ

続いて、ジョンソンらが提案するビジネスモデルを開発するステップをみていくことにしよう。図表2のように、このステップには、①顧客価値提案を開発する、②利益方程式を編み出す、③鍵となる経営資源とプロセスを特定する、という3つがある。

● 図表2　新しいビジネスモデルを構築するステップ

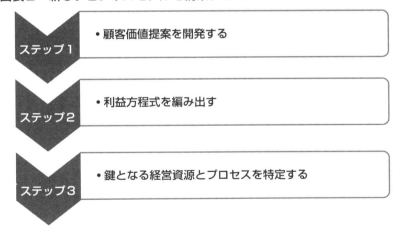

出典：マーク・ジョンソン、クレイトン・クリステンセン、ヘニング・カガーマン「ビジネスモデル・イノベーションの原則」『DIAMONDハーバード・ビジネス・レビュー』2009年4月号から筆者作成

第3部 イノベーション

(1) 顧客価値提案を開発する

　まずは、具体的な顧客価値提案を特定できなければ、新しいビジネスモデル
を開発することも、既存のビジネスモデルを再構築することもできない。ター
ゲットとなる顧客と提供すべき価値を特定した上で、解決されるべきジョブを
明らかにする必要がある。その場合、ジョブの解決を阻む障壁に目を向けるこ
とになる。特に、価格、アクセス、スキル、時間が障壁を生み出す主要な要因
になることが多い。例えば、インドにある大企業タタ・グループのラタン・タ
タは、ムンバイの路上で、スクーターに一家全員が乗っている光景を目にし、
安全で雨露をしのげる小型乗用車（ナノ）を手の届く価格で提供できれば、強
力な顧客価値提案になる、と考えたという。

(2) 利益方程式を編み出す

　いくら魅力的な顧客価値を提案できてもコストがかかりすぎて、十分な利益
を生み出せなければ、持続的なビジネスを実現することはできない。そのため
に、顧客価値提案を実現する利益方程式を編み出すことが必要である。タタ・
グループでは、ナノを手の届く価格として10万ルピー、およそ2,500ドルで提
供できるように開発した。低価格でも、膨大な数のスクーター家族を顧客とし
て獲得すれば、十分に利益を出せることがわかったという。

(3) 鍵となる経営資源とプロセスを特定する

　ここでは、利益方程式に基づいて、どのような主要経営資源が必要であるか、
どのような主要業務プロセスを構築するかを考案する。タタ・グループでは、
コスト削減を実現するため、サプライヤー戦略を見直し、部品数の削減、部品
の85％を外注とし、ベンダーの数を6割削減した。また、製造ラインでは、モ
ジュール化したコンポーネントを自社工場と外部工場のネットワークに流し、
そこで受注生産するという方式を取り入れた。

　以上のように、ビジネスモデルを開発するステップとして、主要経営資源、
主要業務プロセスが製品やサービスを生み出すプロセスであるために、企業が

第 11 章　ビジネスモデルイノベーション

設定した顧客価値を創造できるように、このプロセスが設計され、また、このプロセスでコストを削減することで、利益を生み出す仕組みを作ることが求められる。顧客価値と利益方程式という両面から、製品とサービスを生み出すプロセスを形成することによって、ビジネスモデルは構築される。

ビジネスモデルイノベーションを管理する

最後に、ビジネスモデルイノベーションにどのように取り組む必要があるかを論じよう。ジョンソンらは、ビジネスモデルの転換を図る場合、新しいビジネスモデルと既存のビジネスモデルを比較することが重要になると指摘している。既存の利益方程式で対応でき、すべてではなくても、既存の経営資源とプロセスが活用でき、事業運営に当たって、現在、使用している評価基準、ルール、最低基準が使える場合には、既存のビジネスモデルをそのまま利用する。しかしながら、新しいビジネスモデルが既存のビジネスモデルと両立しない場合には、スタンドアローンで新しいビジネスモデルを立ち上げることで、既存のビジネスモデルと対立し、既存のビジネスを毀損しないようにする必要があ

●図表3　2つのビジネスモデルを管理するための異なる戦略

出典：Markides, C.C., *Game-changing strategies*, Jossey-Bass, 2008

る。

2つ以上のビジネスモデルが並立するようになると、ビジネスモデルをどのように管理するかも課題になる。図表3のように、コンスタンチノス・マルキデスは、ビジネスモデルを多角化する場合に、以下の2つの視点から検討する必要があるという。第1に、2つの事業間のコンフリクトが、どの程度、重大かということから、分離という戦略が有利かどうかを判断する。第2に、新しいマーケットが既存の事業にとって、どの程度、戦略的類似性をもつかどうかによって、2つの事業間のシナジーを生み出すことの重要性が変化してくる[6]。

したがって、事業間のコンフリクトが大きく、戦略的類似性が低い場合には、ビジネスモデルを分離するという戦略が採用される。例えば、航空ビジネスでは、差別化を基本戦略とする既存のフルサービスの航空事業とコストリーダーシップを基本戦略とするLCC事業を分離することで、LCC事業への参入に成功している事例がみられる。

これに対して、事業間のコンフリクトが軽微であり、戦略的類似性が高い場合には、ビジネスモデルを統合するという戦略が採用される。例えば、ファーストリテイリングでは、ユニクロ事業と同じビジネスモデルをGU事業でも活用することによって、ビジネスモデルの統合を図っている。

ケースを分析する視点

以上がジョンソンらによるビジネスモデルイノベーションに関する理論の概要である。これらの理論のインプリケーションを理解するために、後半では、ビジネスモデルを進化、革新させることで、成長を図るジンズを取り上げる。ケースを分析する視点を定めるために以下の4つの疑問を提示しておく。

第 11 章　ビジネスモデルイノベーション

> Q1　ビジネスモデルイノベーションが起きるきっかけはどのようなものか。
> Q2　ビジネスモデルイノベーションのために、どのような顧客価値の提案を行ったか。
> Q3　結果として、どのような経営資源と業務プロセスの見直しが行われたか。
> Q4　さらなる成長を求めて、どのような戦略が採用されているか。

■ ケース：ジンズ

企業の概要

JINSブランドを展開するジンズは、2001年に眼鏡業界に参入した。企画・

●図表４　ジンズの売上高と経常利益の推移

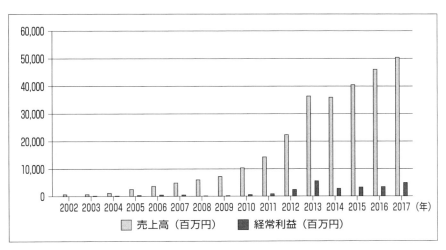

出典：ジンズ有価証券報告書より筆者作成

第 3 部 イノベーション

生産・流通・販売までを自社で一貫して行う独自のSPA方式を採用することでコストカットを徹底し、大量販売によるスケールメリットを合わせることで、これまでになかった低価格・高品質のメガネを提供し、急速に成長を遂げてきた。図表4のように、2002年8月期の売上高8億700万円から2017年8月期では、売上高504億5,100万円まで達し、営業利益では52億2,270万円、営業利益率10.7％、JINS業態のアイウェア専門ショップについては323店舗を展開している[7]。

業界の動向

1980年ごろまで眼鏡業界では、個人経営の眼鏡店で眼鏡を誂えることが一般的であった。しかし、1980年以降、全国に店舗を展開する眼鏡チェーンという新しい事業モデルが台頭した。眼鏡チェーンは、大量調達・大量販売を事業モデルにすることで、眼鏡の低価格化を図った。代表的な企業としては、「パリミキ」、「メガネの三城」を展開する三城ホールディングス、「メガネスーパー」、「愛眼」、「ビジョンメガネ」を展開するビジョンホールディングスなどがある。眼鏡チェーンの出現によって、眼鏡の平均単価は低下したものの、眼鏡一式、約3万円程度で安定していた[8]。

しかし、2000年代に入ると、SPAという製造小売のビジネスモデルを採用する企業が登場し、さらなる低価格化を追求した。代表的な企業としては、

●図表5　ジンズの損益計算書（2006年8月期）

	単位：百万円	構成比（%）
売上高	3,940	100
売上原価	1,330	33.8
売上総利益	2,609	66.2
販売費及び一般管理費	1,919	48.7
営業利益	690	17.5
経常利益	674	17.1
当期純利益	377	9.6

出典：ジンズ有価証券報告書より筆者作成

第11章　ビジネスモデルイノベーション

JINSブランドの「ジンズ」、Zoffブランドの「インターメスティック」、OWNDAYSブランドの「オンデーズ」などがある。図表5にあるように、2006年8月期には、ジンズは、SPAのビジネスモデルを活用することで、66.2％という高い売上総利益を確保し、販売費及び一般管理費をコントロールすることで、17.5％という高い営業利益率を達成している。

基本戦略とビジネスモデル

　CEOの田中 仁氏は1987年に群馬県前橋市で服飾雑貨の卸業と製造を個人事業として始め、1988年に会社組織とし、ジェイアイエヌと命名した。バッグ、帽子、アクセサリーのデザインを手がけ、中国などの工場で製造し、自ら展開する服飾雑貨店で販売する事業を行った。当初は、エプロンから始まり、売れ行きが鈍ると、新たな商品を模索した。ポーチ、バッグなど、ヒット商品を掘り当てながら、事業拡大を図ってきた。2000年に友人と韓国旅行に出かけたときに、ソウルの繁華街で「メガネ1個3,000円、15分でお渡しします」という日本語のポスターを目にし、事業の可能性を検討し、2001年にこの事業への参入を図った。このように、製造、卸業から小売業へと基本的にSPAというビジネスモデルに向かい、そのモデルに適する商品を掘り当てながら、眼鏡事業に至っている。

　当時、ユニクロの低価格フリースがブームにあり、田中CEOは、SPAのビジネスモデルを本格導入し、圧倒的な眼鏡の低価格化を決意した。しかし、新しい事業プランを携え、国内フレームメーカー、レンズメーカーを訪ね歩くものの、格安でフレームやレンズを卸してくれる取引先を見つけることができなかった。そこで、韓国のレンズ関連の卸売市場を訪問し、日本で売れそうなデザインのフレームを大量に現金取引することで購入した。

　続いて、韓国のレンズメーカーを10社回って、やっと取引してくれる会社をみつけることができた。こうして、2001年にJINS 1号店を福岡市天神に出店した。眼鏡事業を開始した当初は、フレームとレンズ一式で税抜価格5,000円と8,000円の低価格を2タイプ用意し、若年層を狙い、デザイン重視という顧

171

第 3 部　イノベーション

客価値を提案することで眼鏡市場に参入した。その結果、2006年8月期には21
店舗、売上高39.4億円を売上げ、2006年8月には大証ヘラクレス（現
JASDAQ）への上場を果たしている。

新しいビジョンの模索

　しかし、競合他社も同じようなビジネスモデルで参入し、競争が激化すると
ともに、価格の不透明性のために業績は悪化した。フレームとレンズのセット
価格であったにもかかわらず、実際にはレンズで追加料金がかかることが通例
であった。また、この時期、眼鏡単独で勝負するよりも眼鏡と雑貨を組み合わ
せ、ニッチな方向でビジネスを展開する方針を採用していた。つまり、服飾雑
貨と眼鏡、あるいは、眼鏡とカフェを併設するという店舗を展開することで、
店舗の効率性を高めようとした。しかし、低価格のバッグと眼鏡を一緒に置い
たことは、眼鏡の信用を失わせることになった[9]。その結果、図表4のように、
業績は落ち込み、2008年と2009年8月期には2期連続で最終赤字となり、株価
も低迷した。

　会社の立直しを図るために、2009年1月、静岡県熱海市で経営幹部を集め、
合宿を行い、会社の存在意義を議論し、ビジョンを改めることにした。今まで
は、競合他社との差別化を図るために、ターゲットを若年層に絞り込み、SPA
のビジネスモデルで価格破壊を行うこととした。しかし、実際には、追加料金
が足かせになって、市場の評価を十分に受けることができなかった。そこで、
「メガネをかけるすべての人に、よく見える×よく魅せるメガネを、市場最低・
最適価格で、新機能・新デザインを継続的に提供する」という新しいビジョン
を設定した。

ビジネスモデルイノベーション

　レンズの追加料金を無料にし、機能性で新市場を創造する戦略に転換した。
圧倒的な品質を確保するために、非球面レンズの中でも屈折率が一番高く、レ
ンズの厚みを薄くできる商品の追加料金をなくし、5,000円という価格を実現

第 11 章 ビジネスモデルイノベーション

しようと決定した。また、新機能では「Airframe」という軽いフレームを開発するとともに、パソコンのブルーライトから目を守る「JINS PC」（現在、JINS SCREEN）、花粉から目を守る「JINS 花粉CUT」などの新しい製品を投入した。当時、5社からレンズを仕入れていたが、新しい方針を各社に申し入れたところ、4社から断られた。そこで、話を受けてくれた1社に仕入先を絞り込み、全店分の150万枚を一気に発注することで、低価格化の実現を図った。レンズの原価は工場の稼働率で変わるので、安定的に大量発注すれば単価を下げることができる。

また、店舗をJINSという単独ブランドで統一し、"J!NS" という新しいロゴを導入した。店舗をマス向けにするために原宿店をリニューアルし、ビジュアルマーチャンダイジングを導入した。具体的には、格子目状に仕切られた棚に商品を陳列する「マス目什器」を取り入れた。その結果、一目見ただけでほしい商品がどこにあるかわかるようになり、整った売り場を保つことができるようになった。さらに、店舗の看板を掛け替え、テレビCMによって大々的な広告宣伝を一気に投入することで、認知度の向上を図った。併せて、組織改革でスリム化を図り、本部スタッフを50名から30名に減らした。このキャンペーンが大成功し、ジンズは、急速な成長期に入った。

ビジョンとビジネスモデルの見直しによって、ジンズは2013年8月期まで4期連続の増収増益を達成した。しかし、2014年8月期には一転して減収減益に見舞われた。ブームを引き起こしたJINS PCの反動減があったことと、急成長による基本的な店舗オペレーションの混乱によるものであった。店舗数を3年間で3倍近く増やしたことで、入社2年未満のスタッフが約6割を占めるようになり、現場力の低下が引き起こされた。顧客を待たせ、要望への対応ができずに、販売機会を逃した。また、在庫管理が甘くなり、人気の視力矯正用メガネの欠品を起こした。

研究開発型SPAを求めて

前回の経営危機と同様に、再度、JINSブランドを立て直すために、2013年

第 3 部　イノベーション

秋に外部の専門家を含めたプロジェクトチームを立ち上げた。その結果、2014年 5 月に「JINS MEME」という新製品と「Magnify Life」という新しいブランドビジョンを発表した。Magnify Life とは、メガネを通して人々の人生を拡大（豊かに）するという意味になっている。また、新製品については、メガネに内蔵するセンサーを通して眼球の動きを分析し、疲れ、関心、眠気など、メガネをかけた人の心と体の状況を読み取ることができる。研究機関とのコラボレーションによって、新しい機能をもつ新製品を開発する研究開発型SPAを志向することになった。研究開発力を強化するためにR&D室の立ち上げを行うとともに、慶應義塾大学や東北大学など、様々な研究機関と産業連携を図っている。アップルと JINS MEME に対応したヘルスケア用アプリをiPhone向けに作っており、次章で取り上げるオープンイノベーションに積極的に取り組んでいる[10]。

　さらに、新たな成長機会を求めて、中国、アメリカ、台湾への海外進出を行っている。日本の眼鏡市場の規模が、年約4,000億円に対して、中国は 1 兆円、アメリカは1.9兆円と巨大である。中国事業についてはすでに黒字化を果たし、2016年内には100店舗に届き、ショッピングセンターを中心に出店を図っている。台湾には10店舗、アメリカには 4 店舗を展開している[11]。

■ まとめ

　ケースをサマリーすると、ジンズは当初、SPA のビジネスモデルを活用することで、服飾雑貨事業を立ち上げ、ヒット商品を次々と掘り当てることで、成長を図ってきた。その延長線上で、低価格とデザイン性を武器に眼鏡事業への参入を果たし、事業の多角化を進めた。しかし、ビジネスモデルの模倣による競争激化で業績が低迷すると、戦略の再検討を行い、さらには、明確なビジョンを定めることで、顧客価値を見直した。そのプロセスで、R&D室を立ち上げ、外部の研究機関とのコラボレーションを通じて、研究開発型SPAへとビジネスモデルを進化させた。このように、ジンズは、経営危機や停滞に見舞

第 11 章 ビジネスモデルイノベーション

われるたびにビジョンと戦略を見直し、経営資源と業務プロセスを刷新することで、ビジネスモデルの転換を図ってきた。

ケースを分析するために設定した4つの質問からレビューする。

Q1 ビジネスモデルイノベーションが起きるきっかけはどのようなものか。

新しい製品に対してSPAのビジネスモデルの導入によって成功するものの、競合他社によるキャッチアップや急激な成長による反動で経営の悪化に直面したことがビジネスモデルを見直すきっかけになっている。

Q2 ビジネスモデルイノベーションのために、どのような顧客価値の提案を行ったか。

低価格とデザイン性という顧客価値から「メガネをかけるすべての人に、よく見える×よく魅せるメガネを、市場最低・最適価格で、新機能・新デザインを継続的に提供する」という顧客価値へと進化させた。さらに、メガネを通じて人々の生活を拡大する、つまり、人々の生き方を豊かに広げるというものへと変化させていった。

Q3 結果として、どのような経営資源と業務プロセスの見直しが行われたか。

取引先の見直し、業務プロセスを整備し、研究機関とのコラボレーションなど、オープンイノベーションを志向し、メガネからアイウェアという新たな市場を切り開く中で、絶えず経営資源と業務プロセスを見直している。

Q4 さらなる成長を求めて、どのような戦略が採用されているか。

低価格に加えて、新しい価値を商品に加えることで競合他社との差別化を図り、市場については、グローバル化を進めることで、成長を図っている。

175

第3部 イノベーション

注

1　ジョアン・マグレッタ「ビジネスモデルの正しい定義」『DIAMONDハーバード・ビジネス・レビュー』2014年4月号。

2　IBM Global Business Services, *IBM Global CEO Study 2008*, IBM Corporation, https://www-935.ibm.com/services/uk/gbs/pdf/ibm_ceo_study_2008.pdf.

3　マーク・ジョンソン、クレイトン・クリステンセン、ヘニング・カガーマン「ビジネスモデル・イノベーションの原則」『DIAMONDハーバード・ビジネス・レビュー』2009年4月号、マーク・ジョンソン『ホワイトスペース戦略』CCCメディアハウス、2011年。

4　ケースの記述は、ジンズのホームページの公開情報（http://www.jins.com/jp/）と以下の文献に基づいている。田中仁『振り切る勇気』日経BP社、2014年、田村俊一「編集長インタビュー　田中仁氏　研究開発型SPAを目指す」『日経ビジネス』2014年4月21日号、吉田琢也「インタビュー　田中仁氏」『日経コンピュータ』2014年9月4日号、田中仁「新しい当たり前を作り続ける」『日経ビジネス』2015年4月6日号、田中仁「研究開発型SPAへ組織を再構築」『日経ビジネス』2015年4月13日号、田中仁「JINSは誠実さで新しい市場を切り拓く」『DIAMONDハーバード・ビジネス・レビュー』2015年10月号。

5　マーク・ジョンソン『ホワイトスペース戦略』CCCメディアハウス、2011年、50ページ。

6　Markides, C.C., *Game-Changing strategies*, Jossey-Bass, 2008.

7　株式会社ジンズ2017年8月期通期決算説明会資料（http://pdf.irpocket.com/C3046/Rt66/MhSA/If2D.pdf）。

8　網倉久永、三輪剛也「ジェイアイエヌ　眼鏡業界におけるSPA事業モデル」『一橋ビジネスレビュー』2015年秋号。

9　田中仁、米倉誠一郎「『Magnify Life』というビジョンの下でまだ見ぬメガネの未来を考え抜く」『一橋ビジネスレビュー』2016年冬号。

10　田中仁、米倉誠一郎「『Magnify Life』というビジョンの下でまだ見ぬメガネの未来を考え抜く」『一橋ビジネスレビュー』2016年冬号。

11　田村俊一「編集長インタビュー　田中仁氏　研究開発型SPAを目指す」『日経ビジネス』2014年4月21日号、ジンズ「沿革」（https://corp.jins.com/jp/ja/company/history/）、株式会社ジンズ2017年8月期通期決算説明会資料（http://pdf.irpocket.com/C3046/Rt66/MhSA/If2D.pdf）。

第12章 オープンイノベーション

■ はじめに

　第7章で取り上げた垂直統合戦略においては、ビジネスプロセスを内製化することで、企業内部にノウハウを蓄積しつつ、コスト削減を図ることで、競争優位を高める考え方と事例について考察した。こうした内製化の対極として、外部との戦略的提携を活用し、イノベーションを促進するオープンイノベーションがある。自力で技術やノウハウを高めることができる場合には、業務プロセスをできる限り内製化する垂直統合戦略が有効になる。しかし、技術開発にかかるコストの上昇、製品ライフサイクルの短縮化などが進む中で、企業内部の経営資源を活用し、すべての業務プロセスを内部で完結させることに限界もある。むしろ、取引コストを十分にコントロールすることができれば、外部に存在するリソースやノウハウを有効に活用することができる。反対に、企業内部の経営資源とノウハウに独自性が高ければ、内部のリソースを外部に提供することで収益力を高めることにもつながる。

　本章では、理論として、ヘンリー・チェスブロウが提唱するオープンイノベーションの考え方とその活用方法について、その概要を解説する[1]。また、ケースについては、ハローキティなどのキャラクタービジネスを展開するサンリオを取り上げ、オープンイノベーションの考え方を活用し、どのようにビジネスモデルを進化させ、グローバル展開を加速させていったかを論じる[2]。

177

第 3 部　イノベーション

■ 理論：オープンイノベーション

イノベーションの重要性

　厳しい競争環境の中、競争力を高めていく上で、イノベーションは不可欠な存在である。イノベーションを行うことができなければ、企業は次第に競争力を失い、その存続が脅かされる可能性が高くなる。しかし、どうすれば、効率的にイノベーションを行うことができるのだろうか。チェスブロウによると、その解決策の1つとして、イノベーションのオープン性を高めることがある。以下では、まず、オープンイノベーションとは何か、オープンイノベーションを実現するためにどのようなオープンビジネスモデルが求められるかを説明する。次に、これまでのやり方は、なぜ、うまくいかないか、オープンイノベーションによってそれがどのように変化するかを論じる。最後に、オープンビジネスモデルへとどのように進化させるのか、そのステップを示す。

オープンイノベーションとオープンビジネスモデル

　チェスブロウによると、オープンイノベーションとは、企業が自社のビジネスにおいて社外のアイデアを今まで以上に活用し、自社の未活用のアイデアを他社に活用してもらうことと定義される。ビジネスモデルのオープン化を図ることにより、イノベーションのコストを削減し、市場投入期間の短縮化を図り、他社とのリスク共用の可能性などを実現できると考えられる。

　オープンビジネスモデルとは、価値を創出すること、そして、創出された価値の一部を収穫することを意味する。オープンビジネスモデルでは、これらを実現するために、イノベーション活動の分割という考え方が導入される。イノベーション活動の分割とは、あるグループが斬新なアイデアを考案したとき、自分たち自身で商用化するのではなく、他社と提携する、あるいは、他社にアイデアを売却し、そして、その他社がアイデアを商用化するシステムのことを意味する。

第12章 オープンイノベーション

クローズドモデルの課題

それでは、これまでのイノベーションのあり方にはどのような課題があるのであろうか。チェスブロウは、これまでのクローズドモデルでは、早晩、イノベーションが立ち行かなくなるという。その1つの原因は、イノベーションコストの上昇にある。テクノロジー開発コスト上昇の例として、ある半導体の新しい製造施設の建設コストが20年前の100倍に上っていることを指摘している。また、医薬品業界では、新薬開発のために売上高に占める研究開発費の割合が年々上昇し、経営を圧迫していることも挙げている。

もう1つの原因は、市場における製品ライフサイクルの短縮化がある。例えば、携帯電話では、6か月ごとに新しいモデルが投入され、2年前に購入した機種は完全に旧式化する。図表1のように、市場で製品ライフサイクルが短縮化すると、これまでと比較して、新しい製品を開発しても、自社が市場で得る

●図表1　イノベーションに対する経済的圧力

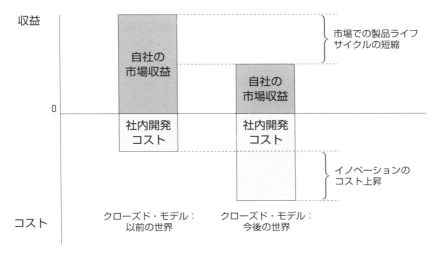

出典：ヘンリー・チェスブロウ『オープンビジネスモデル－知財競争時代のイノベーション』16頁　翔泳社、2007年

収益は低下する。また、イノベーションコストの上昇は、これまでにかかっていた社内開発コストをそのまま増大させる。その結果、十分な収益を確保できないために、製品開発のために投入されたコストを回収できないという事態を招く可能性を含んでいる。

オープンビジネスモデルの効果

このような事態を解決するために、チェスブロウは、クローズドモデルをオープンビジネスモデルへシフトさせることを提案している。図表2のように、オープンイノベーションに基づくビジネスモデルでは、イノベーションが対応できる市場の数を増やすことで収益性の問題に対応しようとする。つまり、社内に蓄積された知的財産を活用することで、ライセンス収益を上げ、ジョイントベンチャーやスピンオフなどの手段を活用し、他の市場セグメントに進出できるようにする。また、自社で活用する可能性のない技術や事業の場合には、

●図表2　オープンイノベーションの新しいビジネスモデル

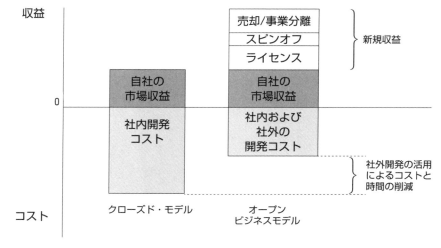

出典：ヘンリー・チェスブロウ『オープンビジネスモデル－知財競争時代のイノベーション』21頁　翔泳社、2007年

第 12 章　オープンイノベーション

他社に売却し、事業分離を行う可能性もある。さらに、コスト削減については、自社の研究開発プロセスにおける社外テクノロジーの活用を進めることで、イノベーションに必要なコストと時間を削減する。その結果、外部の経営資源を活用し、全体として開発コストを削減できる。また、これまで内部に蓄積され、活用されなかった経営資源を外部との協力を得ることで収益化できるので、イノベーションはこれまで以上に効率的になる。

　グローズドモデルにとどまってきた原因としては、イノベーションは複数のアイデアを組み合わせることで進むものであるにもかかわらず、そうした情報を仲介する市場が十分に機能していなかったことが挙げられる。しかし、チェスブロウは、現在、インターネットの普及により、有用な情報を共有することが容易になり、新しい技術や特許を活用するために、どのぐらいのコストがかかるのかも簡単に知ることができるようになったと指摘する。

　また、クローズドモデルの課題としては、研究開発に大きなコストをかけていたにもかかわらず、実際には、多くの企業では知的財産の10％程度しか活用していないという現実がある。これらを解決するためには、研究開発体制を見直すことが必要である。というのは、これまで、研究員や研究組織が出願した特許の数を生産性評価として利用することが多かったからである。さらに、研究開発部門と事業部門での連携がとれていないために、収益を上げる製品開発までに到達しないということも起きていた。したがって、オープンビジネスモデルによって、こうした問題を克服することが期待される。

オープンビジネスモデルの構築

　次に、オープンビジネスモデルをどのように構築するかを説明する。チェスブロウは、ビジネスモデルには、以下の6つの機能があるという。

①　価値提案を明確化する。

②　市場セグメントを識別する。

③　製品・サービスを生産し、流通するために必要なバリューチェーンの構造を定義し、バリューチェーンの中での企業のポジションを補完する資産

181

第3部　イノベーション

を決定する。

④　選択した価値提案とバリューチェーンにおける、企業の収益獲得の方式の特定と製品製造のためのコスト構造と潜在的利益を評価する。

⑤　サプライヤーと顧客を連携するバリューネットワーク内での企業のポジションを記述する。

⑥　競合他社に対する優位性を維持するための競合戦略を明確化する。

ビジネスモデルは各企業で異なり、継続的に管理し、進化させる必要がある。特に、オープンビジネスモデルを構築するためには、その変化の方向性ととるべき変革のステップを示すロードマップが有用であるとして、図表3のように、ビジネスモデルフレームワークを提示している。タイプ1からタイプ3までは、差別化、市場へのセグメント化を進めることで、ビジネスモデルを高度化させる。その後、タイプ4からタイプ6までのステップで、イノベーション・プロセスの整備を進め、社外との連携を深めるとともに、知的財産の位置づけを高めていくことで、オープンビジネスモデルへと進化させていく。

●図表3　ビジネスモデル・フレームワーク

	ビジネスモデル	イノベーション・プロセス	知的財産管理
タイプ1	差別化されていない	存在しない	存在しない
タイプ2	差別化されている	偶発的（アドホック）	事後的
タイプ3	セグメント化されている	計画的	防御的
タイプ4	社外のアイデアを認識	社外を支援	補完的資産
タイプ5	統合されている	ビジネスモデルと連携	財務資産
タイプ6	環境適応型	新規ビジネスモデルを創出	戦略資産

出典：ヘンリー・チェスブロウ『オープンビジネスモデル―知財競争時代のイノベーション』137頁
　　　翔泳社、2007年

ケースを分析する視点

以上がチェスブロウのオープンイノベーションの考え方とそれをビジネスモデルへと落とし込むための方法をまとめたものである。これらの考え方が実際

第 12 章　オープンイノベーション

にどのように活用されているかを考察するために、ケースで確認していこう。ケースで検討すべきことを 4 つの疑問の形式にし、提示しておく。

Q 1　クローズドモデルには、どのような課題が含まれているか。
Q 2　なぜ、オープンイノベーションが取り入れられたか。そのことによって、どのような変化が生じたか。
Q 3　オープンイノベーションを導入することで、どのようなビジネスモデルを構築しているか。
Q 4　さらなる成長を求めて、どのような戦略を採用し、ビジネスモデルを進化させているか。

■ ケース：サンリオ

企業の概要

　サンリオは、ハローキティを代表とする自社開発の主要なキャラクターを活用し、ライセンスや物販事業を展開する企業である。2017年 3 月期の業績については、売上高626億9,500万円、営業利益69億400万円、ROE12.1％である。国内売上高474億7,800万円、海外売上高262億8,800万円であるのに対して、国内営業利益16億6,800万円の赤字、海外営業利益85億7,300万円であり、海外事業によって国内事業がカバーされているといえる。

　事業セグメントについては、海外セグメントと国内セグメントに大別され、国内セグメントについては、ライセンス、物販、テーマパーク、その他事業という構成になっている。これに対して、海外セグメントではライセンスと物販事業によって構成される[3]。

業界の動向

　キャラクタービジネスの業界動向について、市場規模は、2015年度において

183

第3部　イノベーション

●図表4　国内事業と海外子会社における売上高の事業別シェア（％）

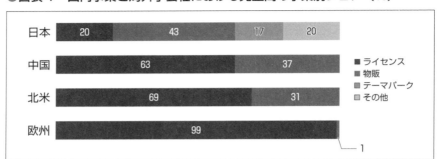

出典：サンリオ第57期（2017年3月期）期末決算説明資料
http://v4.eir-parts.net/v4Contents/View.aspx?template=ir_material_for_fiscal_ym&sid=36054&code=8136から筆者作成

は、2兆4,282億円である。2006年度2兆5,560億円から2012年度2兆3,110億円までゆるやかな減少傾向にあったが、その後、少しずつ回復傾向にある。

キャラクタービジネス市場は、商品に付帯してキャラクターを使用する権利である商品化権市場（小売金額ベースで算出される）といわゆるキャラクターの使用権（ライセンス）である版権市場（契約金額ベースで算出される）で構成され、それぞれ1兆2,282億円、1兆2,000億円となっている。商品化権市場においては、玩具、自販機用玩具が52.9％を占め、衣料品、服飾雑貨が15.6％、菓子、一般食品が11.3％となっている[4]。

ビジネスモデル

図表4から、サンリオにおいて、国内と海外ではビジネスモデルが大きく異なっていることがわかる。サンリオは、キャラクタービジネスを展開する上で、キャラクターという知的財産を開発し、そのキャラクターの商品やサービスとして企画、製造、宣伝・プロモーションを行い、直営店、委託店、百貨店などを通じて販売する[5]。国内セグメントでは、基本的に、キャラクターの開発から商品の企画、製造、販売まで一貫して行う物販が主で、ライセンスが従となっている。その上で、キャラクターのブランド価値を強化するために、サンリ

● 図表5　地域セグメント別の売上高シェア（％）

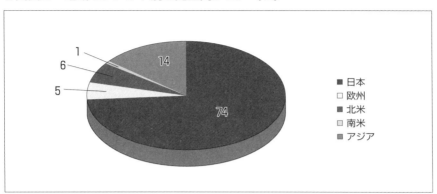

出典：サンリオ第57期（2017年3月期）有価証券報告書
http://v4.eir-parts.net/v4Contents/View.aspx?cat=yuho_pdf&sid=2526528 から筆者作成

オピューロランドなどのテーマパークやイベントなどを通じて、プロモーションを行う体制になっている。

　これに対して、海外子会社の事業別売上高シェアをみると、ライセンスが主で、物販が従になっていることがわかる。ただし、欧州、北米と比較すると、中国では物販の位置づけが相対的に高い。なお、営業利益率については、欧州、北米ともに赤字であるのに対して、中国30.1％となっている。アジア地域の子会社についても、香港29.5％、台湾30.4％、韓国20.2％の営業利益率を出しているので、欧州、北米で苦戦しているものの、アジア地域を中心とするビジネスが全体の業績を支えている。図表5のように、地域別の売上高シェアでみても、アジアの重要性が高まっている。海外で事業展開を推進していく際に、2016年6月に常務取締役を退任した鳩山玲人氏が、一時期、オープンイノベーションなどの考え方を取り入れ、異業種とのコラボレーションを通じて女児玩具という従来のポジションの再定義を図った施策の結果であると考えられる[6]。

オープンイノベーションの取組み

　オープンイノベーションを推進した際、サンリオのビジネスモデルのユニー

第３部　イノベーション

クだった点は、ライセンス供与をするときに、ライセンシー側にある程度デザインの変更を認めていることにあった。通常、ディズニーのように、キャラクターのブランド価値を毀損しないように、ライセンシーを慎重に選別し、デザインの使用については厳しく管理される。ところが、ハローキティの場合には、ライセンシー側にある程度デザインの自由度があり、それぞれのブランドや商品に合わせて、キャラクターを活用することができた。

　また、これまで、キャラクタービジネスでは、１業種１企業というのが一般的であったが、サンリオは、H&M、ZARA、フォーエバー21など、アパレルという同業種にもライセンスが供与されていた。また、2011年には大型量販店であるウォルマート、高級ガラスのスワロフスキー、食品メーカーのネスレ、時計メーカーのスウォッチ、化粧品専門店のセフォラなど、これまでなら、あまりライセンシーとされなかった業種、企業まで、供与先が拡大された。

　こうしたオープン化を進める上で、本社のコントロールを弱めて、海外子会社の現地化を推進した。具体的には、ライセンスの承認業務を海外子会社に移管し、現地のニーズを独自に判断し、本社を通すためのタイムラグをなくし、子会社に権限を委譲した。また、本社からの駐在社員をほぼ帰国させ、現地社員が自主性を発揮できるようにした。その結果、意思決定の速度が改善され、それまで１か月以上かかっていたものが、早ければ数時間で対応できるようになった。

ビジネスモデルの進化とその模索

　海外ではオープンイノベーションで業績を大きく成長させてきた。しかし、欧州では景気低迷の影響で、北米では「アナと雪の女王」の空前のブームの余波で業績が悪化したために、方針転換が図られている。また、ウォルマートやターゲットなどの大手量販店がキティ関連の店舗を閉鎖し、人気映画のライセンス商品やPB商品に力を入れていたために売上を落としている[7]。これを受けて、海外、国内ともに、ライセンスと物販のバランスを模索し始めている。つまり、海外では物販を、国内ではライセンスの強化を図っている。

第 **12** 章 オープンイノベーション

　ライセンス事業は使用権だけを売るので、売上高がそのまま利益になるものの、景気の変動を大きく受けやすい。また、どうしても認知度の高いキャラクターが中心になり、キャラクターの育成が弱くなる。キャラクターの育成のためにも物販と連携できるビジネスモデルを構築する必要がある。プロモーションを強化するために、テーマパーク事業の海外展開も進めている。現在、マレーシア、韓国、英国、中国でテーマパークを展開している。ただし、テーマパーク事業についても直営ではなく、ライセンス供与で実施している[8]。

　キャラクターについては、物販やテーマパークで露出する前に、スマートフォンなどを活用し、ユーザー参加型で育成する方法も導入している。実際、海外の人気キャラクターを買収するというキャラクターのヘッドハンティングも試みている。また、国内では、ライセンス事業を強化するために、ソリューション型の事業を模索している。ライセンス供与だけでなく、ノベルティ、パンフレットの制作、イベント、広告の企画までトータルに提案を行うことで、ライセンスフィーに物販をプラスすることを狙っている。

　海外については、成長を持続させているアジア地域では、商品化権ビジネス（物販）だけでなく、広告化権ビジネス（企業向けプロモーションライセンス、カフェ、カラオケ店舗や航空機等のスペースデザインライセンス）、フランチャイズ化権ビジネス（店舗ライセンス）、興行権ビジネス（遊園地、水族館、劇場、テーマパークなど）などライセンス供与の多様化が景気変動などのリスクへの対応策として活用されている。さらには、EC（電子商取引）が広がる中でブランド力のあるキャラクターをデジタル関連に有効に活用することが今後の成長には求められている[9]。

　以上のように、ライセンス事業と物販事業のバランスを図り、テーマパーク事業、インターネット事業、映画事業、音楽事業、出版事業を通じて新しいキャラクターを育てていくことで、主要なキャラクターへの過度の依存を解消し、持続的な成長が可能なビジネスモデルへの進化を図っている。

187

第 3 部　イノベーション

■ まとめ

　ケースをサマリーすると、サンリオは、当初、いわゆる伝統的なキャラクタービジネスのモデルにしたがって、国内事業ではキャラクターグッズを直営店中心に販売する物販をコア事業にしていた。グローバル化を進めていく上で、ブランド拡張を図るためにオープンイノベーションの考え方を取り入れ、ライセンス供与を中心にし、提携先のリソースを活用し、ターゲットや業種を拡大させた。しかし、ライセンス事業を中心にしている限り、景気変動の影響を受けやすくなるとともに、主力キャラクターへの依存度が高くなり、新しいキャラクターを育成することは難しくなった。また、ディズニーのような強力なメディアを保有する競合他社からの圧迫にさらされるということも起きた。その結果、物販とライセンスをバランスさせ、また、キャラクター買収や育成を図るために、テーマパーク事業、映画事業などメディア事業とのシナジーを模索することで、ビジネスモデルの進化を推進している。

　ケースを分析するために設定した4つの疑問からケースをレビューする。

Q1　クローズドモデルには、どのような課題が含まれているか。

　　リソースが限られるために、特に、グローバル展開を図る上では、ブランドを拡張する難易度が高まっていった。また、国内においても業種やターゲットを拡大していく上では、時間やコストがかかるために、成長を持続的に実現することができなかった。

Q2　なぜ、オープンイノベーションが取り入れられたか。そのことによって、どのような変化が生じたか。

　　海外においてブランド拡張を図ることが意図されていた。オープンイノベーションの導入によって、これまでアプローチできなかった業種や国境の壁を乗り越えることが可能になった。また、ライセンス供与先のリソースをテコにして、ターゲットや商品を拡大することができた。

188

第 **12** 章　オープンイノベーション

Q3　オープンイノベーションを導入することで、どのようなビジネスモデル
　　を構築しているか。

　　国内事業と海外事業とで異なるビジネスモデルを採用することになった。
しかし、それぞれのモデルに強みと弱みがあり、課題を克服するために、相
互の強みを取入れ、ビジネスモデルを進化させている。

Q4　さらなる成長を求めて、どのような戦略を採用し、ビジネスモデルを進
　　化させているか。

　　成長戦略については、国際化戦略が中心となり、特に、アジア地域での成
長を図っている。このエリアでは、ライセンス権の多様化も図られ、デジタ
ル化への対応を進めると、さらなるビジネスモデルの進化を導く可能性をも
っている。

注

1　ヘンリー・チェスブロウ『OPEN INNOVATION ハーバード流イノベーション戦
　略のすべて』産能大出版部、2004年、ヘンリー・チェスブロウ『オープンビジネ
　スモデル―知財競争時代のイノベーション』翔泳社、2007年。
2　ケースの記述については、サンリオのホームページにおける公開情報と以下の
　文献に基づいている。鳩山玲人「ハローキティに見るグローバルなブランド拡張
　戦略」『DIAMOND ハーバード・ビジネス・レビュー』2014年10月号、柳澤里佳「サ
　ンリオ　"感性経営"試練の時」『週刊ダイヤモンド』2014年11月１月号、森岡大地「企
　業研究　サンリオ（キャラクタービジネス）『キティ』は仕事を選ばない」『日経
　ビジネス』2013年５月20日号、大坪稚子「【サンリオ】　海外ライセンスビジネス
　で高収益企業への転換に成功」『週刊ダイヤモンド』2012年９月１日号、Isomura,
　K., Suzuki, K. and Tochimoto, K., "The evolution of characters business models
　in Japan: Duffy, Hello Kitty, and Kumamon", *Strategic Direction*, Vol.31, No.4,
　2015.
3　第57期（2017年３月期）期末決算説明資料（http://v4.eir-parts.net/v4Contents/
　View.aspx?template=ir_material_for_fiscal_ym&sid=36054&code=8136）。
4　矢野経済研究所『キャラクタービジネスに関する調査を実施（2016年）』（http://

189

第 3 部 イノベーション

www.yano.co.jp/press/pdf/1556.pdf）。

5　商品が販売される国内店舗の状況については、リテールでは直営店・委託店、百貨店（常設消化店）、ホールセールでは百貨店（買取店）、量販店、専門店がある。

6　鳩山玲人「ハローキティに見るグローバルなブランド拡張戦略」『DIAMONDハーバード・ビジネス・レビュー』2014年10月号。

7　「サンリオ、25％減益、4〜12月営業、100億円超、ライセンス事業が不振」『日本経済新聞』2016年2月9日、鎌田倫子「サンリオ、欧米で戦略転換」『日経産業新聞』2015年8月10日、「サンリオ、上海に屋内パーク」『日経MJ（流通新聞）』2017年6月14日。

8　「サンリオ　キティを使って海外パーク」『日経MJ』2015年11月13日、「中国でキティパーク」『日経産業新聞』2014年12月1日。

9　サンリオ第57期（2017年3月期）有価証券報告書（http://v4.eir-parts.net/v4Contents/View.aspx?cat=yuho_pdf&sid=2526528）、「サンリオの後継者育成・脱キティ依存　カリスマ、未来語れず」『日経産業新聞』2017年5月19日、「サンリオ　デジタル戦略遅れ減益」『日経産業新聞』2017年10月27日。

第4部

成長戦略

第13章 多角化戦略

■ はじめに

　本章から第４部に入り、成長戦略について考える。企業は、基本戦略を定めると、それらを実現するビジネスモデルを構築する。また、ビジネスモデルが固まると、様々なイノベーションを繰り返すことで、競争力を高めていく。その上で、企業は、さらなる成長を目指して、多角化や国際化に取り組むことになる。第13章では、コア事業から新たな成長を求めて、製品、サービス、顧客、事業、ビジネスモデルを多様化させる多角化戦略について考える。第14章では、ローカル、ナショナル、グローバルと市場を拡大させる国際化戦略について論じる。第15章では、M&Aとアライアンスを活用することで、多角化や国際化がどのように図られるかを考察する。第16章では、焦点戦略から国際化を進めることで成長を推進するグローバルニッチ戦略について取り上げる。

　多角化戦略については、一定の間隔をおいて流行の波が訪れる。企業業績が好調で手元に資金が豊富にあるときには、合併買収（M&A）などが活用され、事業の多角化が進められる。反対に、業績が悪化すると、有利子負債を減らすために、事業ポートフォリオが見直され、選択と集中を行い、事業再編が行われる。しかし、いったん事業再編が落ち着き、さらなる成長を志向し始めると、新たな事業への参入を図る多角化へと向かうサイクルに入る。というのも、製品やサービスにはライフサイクルがあり、有力なコア事業も、いずれ、導入、成長、成熟を経て、やがては衰退へと進むために、新たな成長のドライバーを求め、企業は事業の多角化を行おうとするからである。

　本章では、多角化戦略に関する理論を取り上げ、どのようなタイプの多角化が存在するのか、多角化戦略はどのような性格をもつのか、多角化戦略をどの

ように遂行していくのか、についてその概要を解説する[1]。また、ケースとして、セブン＆アイ・ホールディングス（以下「セブン＆アイ HD」という。）を取り上げる[2]。コンビニエンスストア、スーパーストア、百貨店、フードサービス、金融関連事業など、小売業をコアにしつつ、総合生活産業としてコングロマリットを形成する当社の多角化戦略を中心に考察する。

■ 理論：多角化戦略

多角化の定義と類型

ジェイ・バーニーは、多角化戦略を複数の事業を自社の境界内に保有することと定義し、多角化戦略には、図表1のように、限定的多角化、関連多角化、非関連多角化という3つの類型が存在するとしている。

限定的多角化とは、複数の事業を営んでいるが、ほとんどが同一業界に属している場合をいい、自社の経営資源やケイパビリティを単一市場、若しくは、業界を超えて活用していない。総売上高の95％以上が同一業界からなる単一事業型と総売上高の70％以上95％未満が同一業界からなる主要事業型という2つのタイプに分類される。

関連多角化とは、単一市場や業界を超えて、複数の業界で事業を始めた場合をいい、2つのタイプがあり、高次の多角化に向けて、進化を始めている。関連限定型では、総売上高の70％未満が同一業界からのもので、自社の既存事業で活用している経営資源やケイパビリティの大部分を共有している。これに対して、関連連鎖型では、総売上高の70％未満が同一業界からのもので、自社の既存事業のリンクや共通特性がほとんど共有されていない。

非関連多角化とは、総売上高の中に占める最大事業の比率が70％未満であり、事業間にリンクや共通特性がほとんどない場合をいう。多角化の分類に使われる割合は、あくまでも便宜上のものであり、この割合で分ける明確な根拠はない。

第4部 成長戦略

● 図表1　企業の多角化レベルと類型

A 限定的多角化

単一事業型
総売上高の95%以上が同一業界からのもの

主要事業型
総売上高の70%以上95%未満が同一業界からのもの

B 関連多角化

関連限定型
総売上高の70%未満が同一業界からのもので、複数の事業で数多くのリンクや共通特性を共有している

関連連鎖型
総売上高の70%未満が同一業界からのもので、複数の事業のリンクや共通特性がわずかであるか、あるいは、各事業間のリンクや特性が異なっている

C 非関連多角化

総売上高の70%未満が同一業界からのもので、リンクや共通特性がほとんどない

出典：ジェイ・バーニー「第12章　多角化戦略」『企業戦略論（下）』ダイヤモンド社、2003年

多角化の性格

　イゴール・アンゾフの考えに基づき、多角化戦略とはどのような性格をもつものであるのかをみてみよう。アンゾフは、企業の成長戦略は基本的に4つあるといい、市場浸透、市場開拓、製品開発、多角化を挙げている。

(1) **市場浸透**

　市場浸透とは、既存顧客からの売上を拡大するか、新規顧客を開拓する。

第 13 章　多角化戦略

(2)　市場開拓

市場開拓とは、製品特性に何らかの改良を加え、既存の製品ラインを新しいミッションに適用する。

(3)　製品開発

製品開発とは、現在のミッションを維持し、さらにそのパフォーマンスを改善するような、今までとは異なる製品特性を備えた製品を開発する。

(4)　多角化

多角化とは、製品ラインと市場から同時に離れることを意味する。

多角化は、これまで作ったことのない製品を開発し、経験したことのない市

●図表2　アンゾフ・マトリクス

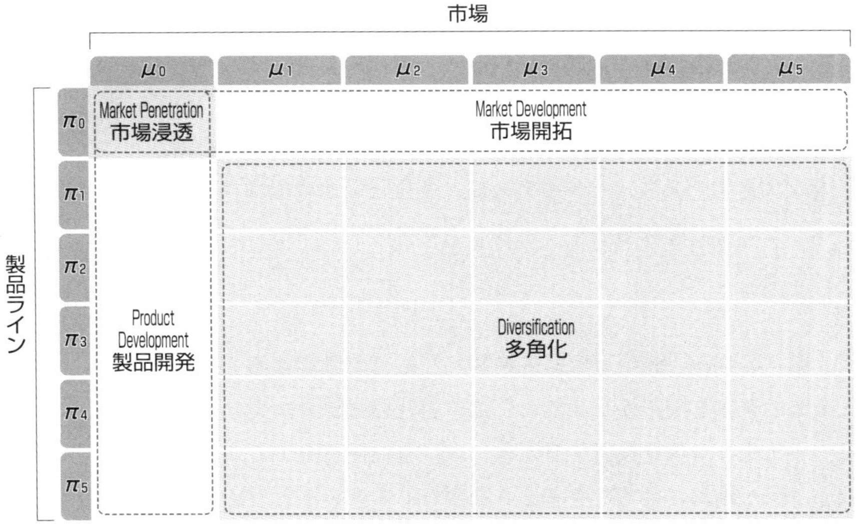

市場

	μ_0	μ_1	μ_2	μ_3	μ_4	μ_5
π_0	Market Penetration 市場浸透	Market Development 市場開拓				
π_1	Product Development 製品開発	Diversification 多角化				
π_2						
π_3						
π_4						
π_5						

製品ライン

出典：イゴール・アンゾフ「多角化戦略の本質」『DIAMONDハーバード・ビジネス・レビュー』2008年4月号

第4部　成長戦略

場へと参入するということを同時に実現しようとするものであり、市場浸透、市場開拓、製品開発という3つの戦略と比較すると、格段に難易度が高くなる。多角化以外の戦略では、基本的に、既存の製品ラインと同じ技術、同じ財源、同じ資源が利用される。これに対して、多角化は、まったく新しいスキル、技術、設備を必要とする。したがって、多角化には、過去の経験との決別を意味するような、物理的かつ組織的な構造改革がともなうという。

　図表2は、このアンゾフの考え方をまとめたもので、「アンゾフ・マトリクス」と呼ばれる。もし、コア事業で製品のクオリティを高めつつ、既存の市場での浸透を図っている市場浸透という位置にあるとして、どれだけコア製品と異なるものに取り組むのか、既存の市場からどの程度、距離がある市場を狙っているのか、をプロットすれば、多角化の難易度や性格を特定することができる。

多角化を進めるステップ

　多角化を具体的にどのように進めていくか、そのステップについて説明しよう。アンゾフが主張するように、多角化は難易度の高い戦略であり、リスクも大きい。そのために、どのようにリスクをコントロールするかが課題となる。例えば、M&Aを活用する場合には、限られた情報や時間の中で、多角化に関する意思決定を迫られる可能性が高いことに注意が必要となる。

　コンスタンチノス・マルキデスは、多角化を進める場合に検討すべき問いを提示している。それらの中で主要な問いをステップとして示すと、図表3のようになる。

(1)　自社の強みの特質（戦略的資産）を厳密に測定する

　戦略的資産を明らかにすることは、自社のビジネスを定義することとは異なる。多角化の可否を検討するときには、自社が何をするかよりもむしろ競合他社より何が優れているかを考える必要があるという。つまり、戦略的資産に焦点を当てることは、市場主導型のアプローチでビジネスを定義することを意味する。例えば、企業買収や新規市場開拓においては、どのような価値を付加で

きるかを明らかにすることが求められる。

(2) 新規市場にはどのような戦略的資産が必要かを検討する

必要な戦略的資産をいくつかもっていれば、多角化に十分であると考えてしまいがちである。しかし、実際には、必要なものをすべてもたなければならないという。それでは、重要な戦略的資産をもたない場合、多角化を断念すべきであろうか。必ずしもそうとは限らず、業界の競争上のルールを変更することによって、多角化に成功する場合もある。

(3) どのようにシナジーを生み出すかを明確にする

多角化によって、本来、まとめておくべき戦略的資産をばらばらにしてしまわないかに注意することが求められる。つまり、どのようにシナジーを生み出すかを考え、自分たちが活用しようとしている戦略的資産が、本当に新規市場に適用できるかどうかを明らかにする必要がある。相互に関係のある能力を特

●図表3　多角化を進めるステップ

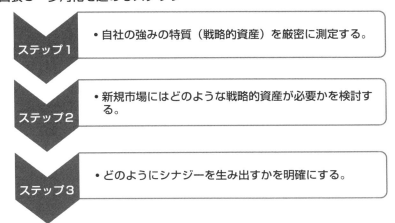

出典：コンスタンチノス・マルキデス「多角化を成功に導く戦略的資産の活用」『DIAMONDハーバード・ビジネス』1998年2-3月号より筆者作成

第4部　成長戦略

定の環境内で共生関係をもって生活している有機体として考えることが大切で、戦略的資産を相互に結びつけることが求められる。それらを分離し、一部を別のところに動かしても素晴らしい働きをするとは限らないからである。

多角化が生み出す優位性

すべて必要な能力をもち、しかも、戦略的資産の正しい組合せで新規市場に参入しても、場合によって基盤を築けないことがある。なぜであろうか。マルキデスは、持続可能な優位性を獲得するために、多角化する企業は何かユニークなものを創造する必要があることを指摘している。ここに多角化の難しさが隠れている。しかも、企業の競合上の優位性は短命である。多角化は、もし、新規市場の競合他社が自社の取組みをいち早く、しかも低コストで模倣し、市場で必要な戦略的資産を手に入れ、効果的な代替物を見つけた場合には、失敗は避けられなくなる。

したがって、マルキデスは、多角化を検討する場合には、戦略的資産の優位性を判定しなければならないという。新規市場に投入しようとしている戦略的資産が稀少価値をもつかどうかを吟味する必要がある。次に、戦略的資産が模倣され得るものかどうかを検討する。さらに、活用しようとしている戦略的資産が別の何かで代用され得るかどうかをチェックしておく必要があると論じている。

最後に検討すべき問いとして、マルキデスは、「新規ビジネスに参入して何を学ぶのか、また、それは別のビジネスへの参入の戦略的な踏み台となるのか」を挙げている。企業は多角化から学んだことを踏み台にして、新たな市場により早く、しかも経済的に参入することがよくある。多角化によって現在のビジネスに応用できる能力を学べるかどうか、十分に検討すべきである。そして、1つのビジネスから別のビジネスへ関連した情報と能力を移すために、自社の組織が全力をつくせるかどうかを自問することが求められる。

第 13 章　多角化戦略

ケースを分析する視点

　以上が多角化戦略にはどのようなタイプが存在するか、どのような性格をもつ戦略なのか、多角化を進めていく場合に検討するべきステップはどのようなものかをまとめたものである。こうした多角化戦略に関する理論の有効性と課題を考察するために、ケースで確認していこう。ケースで検討すべきことを4つの疑問の形式にし、提示しておく。

Q1　どのようなタイプの多角化が選択されているか。
Q2　多角化を実行していく上で、どのような課題に直面しているか。
Q3　多角化を効果的に実現するために、どのような取組みをしているか。
Q4　どのような成長戦略が採用されているか。

■ ケース：セブン＆アイHD

企業の概要

　セブン＆アイHDは、百貨店、食品スーパー、総合スーパー、コンビニエンスストア、フードサービス、金融サービス、IT/サービスの7つの主要領域において事業展開するグループの各社を統括し、シナジー効果を追求することで、グループ企業価値の最大化を目指している。日本を中心に世界各地でコンビニエンスストア、総合スーパー、食品スーパー、百貨店、レストランなどを展開し、グローバルに約6万3,300店、日本国内で約2万900店の店舗ネットワークを構築し、グループ売上高は10.6兆円に達している[3]。

　事業セグメント別の営業収益と営業利益は、図表5のように構成されている。営業収益については、コンビニエンスストアとスーパーストア事業の貢献が大きいのに対して、営業利益については、コンビニエンスストア事業の割合が高く、金融関連事業がそれに続いている。2016年度の決算では、グループ全体の

199

第 4 部　成長戦略

●図表4　セブン&アイHDのグループ会社

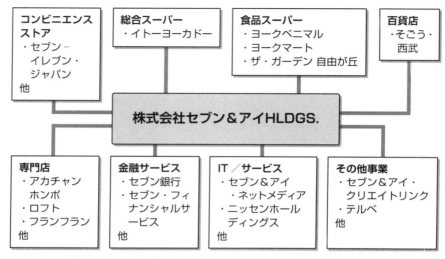

出典：セブン&アイ・ホールディングス-グループ会社（https://www.7andi.com/group/index.html）に基づいて筆者作成

●図表5　事業セグメント別営業収益と営業利益

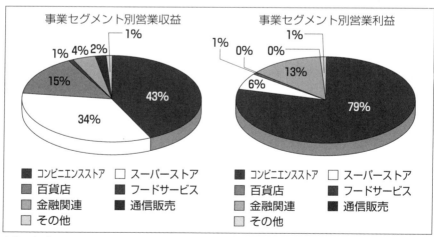

出典：セブン&アイ・ホールディングス『コーポレートアウトライン（2016年度版）』
　　　https://www.7andi.com/ir/library/co/2017.html

第 13 章　多角化戦略

●図表６　1996年度及び2016年度の小売業売上高ランキング

1996年度			2016年度		
順位	社名	売上高（億円）	順位	社名	売上高（億円）
1	ダイエー	25,055	1	イオン	82,101
2	イトーヨーカ堂	15,464	2	セブン＆アイHD	58,356
3	ジャスコ	12,954	3	ファーストリテイリング	17,864
4	マイカル	11,246	4	ヤマダ電機	15,630
5	髙島屋	10,939	5	三越伊勢丹HD	12,534
6	西友	10,045	6	アマゾンジャパン	11,747
7	三越	7,671	7	J.フロントリテイリング	11,085
8	ユニー	7,100	8	髙島屋	9,236
9	西武百貨店	6,187	9	エイチ・ツー・オーリテイリング	9,012
10	大丸	5,096	10	ユニー・ファミリーマートHD	8,438

出典：日本経済新聞1997年６月26日、日本経済新聞2016年６月28日

営業収益は５兆8,356億万円、営業利益3,645億円、自己資本当期純利益率（ROE）4.1％という業績を上げている。

業界の動向

　世界に目を向けると、2015年度の世界の小売業売上高ランキングでは第20位に位置づけられる。セブン＆アイHDの営業収益には、セブン－イレブン・ジャパンとアメリカの7-Elevenの加盟店売上高が含まれていないので、これを含めたグループ売上高で比較すると、世界第７位の売上高になる。世界の小売業時価総額ランキング（2017年４月28日現在）では、第14位にランクインしている。

　国内小売業界でのポジションにおいては、グループ主要事業会社のマーケットシェアをみると、コンビニエンスストアにおけるチェーン全店売上４兆5,156億円で、マーケットシェア42.7％を占め、第１位にある。スーパーストアにおける売上高で、イトーヨーカ堂の売上高は１兆2,192億円、マーケットシェア9.4％で、イオンリテールのマーケットシェア15.4％に続いて第２位を占め

201

第4部　成長戦略

ている。これに、ヨークベニマル、ヨークマートのそれぞれのマーケットシェ
ア3.2％、1.1％を加えると、合計で13.7％になり、イオンリテールと遜色のな
いポジションにある。百貨店における売上高では、そごう・西武の売上高
7,479億円、マーケットシェア11.4％で、三越伊勢丹の16.2％に次ぐ第2位にあ
る。各主要事業領域で第1位、第2位を占める事業会社をもつことになる。

　図表6に基づいて、ここ20年の小売業界の動向をレビューしておこう。1996
年度では、上位10社は、総合スーパー（GMS）と百貨店だけで占められている。
特に、GMSが上位を独占している様子がわかる。これに対して、2016年度では、
GMSと百貨店の中に、ファーストリテイリングやヤマダ電機といった専門店
チェーンが上位進出し、アマゾンジャパンのようなネット通販も躍進している。
また、GMSと百貨店においては、再編が進み、三越と伊勢丹、松坂屋と大丸、
阪急百貨店と阪神百貨店の経営統合が起こり、ダイエー、ニチイはイオンに、
西武百貨店はセブン＆アイHDのグループに入っている。西友はウォルマート
に買収され、2016年には、ユニーグループは、ファミリーマートと経営統合に
関する契約締結を行った。バブル崩壊後のデフレ下で小売業界では、急速に再
編が起きている。

有機的成長からM&Aへ

　セブン＆アイHDの成立までの歩みを追うことで、その成長プロセスをみて
おこう。1958年にヨーカ堂を設立、1971年にイトーヨーカ堂に社名変更、1972
年には東京証券取引所に上場を果たした。1973年にヨークベニマルと業務提携
し、同年、サウスランド社とライセンス契約を締結し、セブン－イレブン・ジャ
パンの前身となるヨークセブンを設立、アメリカのレストランチェーンのデ
ニーズ社との提携に基づき、デニーズジャパンを設立した。1991年、サウスラ
ンド社へ資本参加し、経営権を取得した。2001年には、セブン銀行の前身であ
るアイワイバンク銀行を設立し、金融事業へと参入した。2005年に、セブン－
イレブン・ジャパン、イトーヨーカ堂、デニーズジャパンの3社の共同株式移
転によってセブン＆アイHDが設立された。持株会社設立までは、イトーヨー

カ堂が事業持株会社としてグループを統括していた。ここまでは、基本的に、買収よりは自前で事業を立ち上げ、有機的成長を志向していたことがわかる。

次に、セブン＆アイHDの設立後の動きを追う。2006年2月には、IT事業の中核会社としてセブンアンドワイを子会社化、同年6月、百貨店事業の強化として、そごうと西武百貨店を子会社にもつミレニアムリテイリングを完全子会社化、同年9月、株式交換によりヨークベニマルを完全子会社化した。2007年3月には、ミレニアムリテイリングがロフトを、同年7月に、セブン＆アイHDが赤ちゃん本舗をそれぞれ子会社化し、同年9月に、セブン＆アイ・フードサービスがデニーズジャパン、ファミール、ヨーク物産の3社を吸収合併した。

2013年12月にニッセンホールディングスと資本・業務提携し、2014年1月には、ニッセンホールディングスを連結子会社化、2016年8月には、完全子会社化した。2015年2月には、バーニーズジャパンを連結子会社化、同年11月には、7-Eleven, Inc.におけるガソリン卸売事業として、米国フロリダ州で運営するガソリンに係る小売事業101件、および卸売事業を取得した。2018年1月には、米国中堅コンビニエンスストア、スノコLPからコンビニとガソリンスタンド計1,030店舗を約3,452億円で取得を完了した[4]。このように、持株会社の設立後は、精力的にM&Aを実施し、総合生活産業を目指し、コングロマリットを形成してきた。

基本戦略とビジネスモデル

セブン＆アイHDのグループ各社がどのような戦略を採用してきたか、時代を追いながら、その変化をみていこう。まず、出店戦略については、グループ各社の出店において、図表7のように、関東、東北という特定のエリア内に高密度で集中的に店舗を展開するドミナント出店戦略が採用されている。その効果として、顧客の認知度の向上、効率的な生産拠点、物流拠点の構築、競合参入の阻止などを狙っている。また、ドミナント出店は、配送の効率化を高めることにも貢献している。グループ各社では共同配送システムが採択されている。

第 **4** 部　成長戦略

●図表7　国内店舗ネットワーク

	セブン-イレブン	イトーヨーカ堂	ヨークベニマル	ヨークマート
北海道	959	11	-	-
東　北	1,247	10	149	-
関　東	7,549	125	64	78
中　部	3,267	14	-	-
近　畿	2,726	10	-	-
中　国	1,227	1	-	-
四　国	322	-	-	-
九　州	2,125	-	-	-
合　計	19,422	171	213	78

出典：セブン＆アイ・ホールディングス『コーポレートアウトライン（2016年度版）』
https://www.7andi.com/ir/library/co/2017.html

　共同配送システムは、異なる取引先の商品を同じトラックに積載し、店舗に納品することで合理化を進めることを可能にする。共同配送センターは外部の専門業者によって運営される。

　こうした効率的なローコストオペレーションに支えられ、価格戦略については、イトーヨーカ堂、ヨークマート、業務提携していたヨークベニマルでは、基本的にはコストリーダーシップ戦略が採用され、低価格で拡大を図ってきた。また、セブン＆アイHD成立の沿革でもみたように、早い時期からGMS事業を中核に、コンビニエンスストア事業、食品スーパー事業、レストラン事業など、多角化戦略を取り入れていた。

　1980年代に入ると、売り手市場から買い手市場へとマーケットが変化したという認識のもとで、売上よりも利益重視へのシフトを強化する業務改革に取り組み始めた[5]。1982年にはPOS（point of sales）システムを導入し、単品管理を徹底し、死筋を見極めることで、在庫管理の効率化を高めてきた。また、商品開発については、POSシステムで蓄積された情報の共有を図り、メーカー、卸と協力するチームマーチャンダイジングが推進された。戦略的提携を活用した垂直統合のビジネスモデルを採用している。

第 13 章 多角化戦略

さらなる成長を求めて

2000年代に入ると、金融事業への参入を果たし、持株会社化を実現すると、矢継ぎ早にM&Aを進め、グループ化を図った。多角化のシナジーを高めるために、電子マネー「nanaco」のサービスを2007年に始めている。商品政策については、2007年にセブンプレミアム、2010年には、セブンゴールドの販売を開始し、PB戦略を強化した。多くのPBがデフレへの対応で低価格路線を進めたのに対して、イギリスの小売業のテスコがPBの階層化を取り入れたように差別化戦略を打ち出した。さらに、アマゾンなどのネット通販の台頭に対して、オムニ戦略を始め、ネットとリアルの融合を図ることで、グループシナジーを生み出す方向へと舵を切った。

総合生活産業として多角化が進められる一方で、選択と集中を図る構造改革事業を推進することが中期3カ年計画では提案されている。具体的には、GMS事業におけるイトーヨーカ堂については、営業キャッシュフローの状況、築年数、地域性を考慮して2020年までに40店舗を閉鎖する計画を示している。また、百貨店事業については、エイチ・ツー・オーリテイリングとの資本業務提携の正式締結の後、関西地区の百貨店の承継を行うことで、エリア・業態の「選択と集中」を進め、百貨店の経営資源を基幹店等に集中させることを発表している[6]。

■ まとめ

ケースをサマリーすると、セブン&アイHDは、早い時期から多角化を志向し、GMS事業をコアにしながら、コンビニエンスストア事業、食品スーパー事業、レストラン事業などへの多角化を図った。当初は、M&Aよりは有機的成長を志向し、あるいは、業務提携などを活用していた。持株会社化されると、百貨店事業、専門店チェーン、通販会社などM&Aを活用して、多角化を推進した。1980年代までは低価格戦略を採用していたが、市場の変化に対応し、次第に差

205

別化戦略へとシフトを図っている。グループ全体には、POSシステムを中心とする情報システム、共同配送システム、チームマーチャンダイジングなど効率的な業務オペレーションを共有することで、競争優位性を構築している。シナジー効果を高めるために、金融事業を活用し、商品の共有化を図り、さらに、オムニ戦略を推進している。

　ケースを分析するために設定した4つの疑問からケースをレビューする。

Q1　どのようなタイプの多角化が選択されているか。

　　基本的に、小売業を中心にして、関連多角化を選択しているといえる。

Q2　多角化を実行していく上で、どのような課題に直面しているか。

　　総合スーパー事業からコンビニエンスストア事業へとコア事業がシフトしている。また、グループ全体への利益貢献という観点でみると、コンビニエンスストア事業への依存が大きい。

Q3　多角化を効果的に実現するために、どのような取組みをしているか。

　　シナジー効果を高めるために、金融事業の活用、PB戦略、オムニ戦略を推進している。この点についてもコンビニエンスストア事業が中心で、他の事業への波及効果をいかに高めていくかが今後の課題となる。

Q4　どのような成長戦略が採用されているか。

　　早くから多角化戦略を採用することで、成長を志向してきた。当初は、有機的成長を図ってきたが、持株会社化以降は、M&Aが機動的に活用されている。また、各事業において、市場の拡大を目指して、国際化を進めることで、成長を実現している。

第 13 章　多角化戦略

注

1　多角化理論の解説については、以下の文献に基づいている。ジェイ・バーニー「第12章　多角化戦略」『企業戦略論（下）』ダイヤモンド社、2003年、イゴール・アンゾフ「多角化戦略の本質」『DIAMONDハーバード・ビジネス・レビュー』2008年4月号、コンスタンチノス・マルキデス「多角化を成功に導く戦略的資産の活用」『DIAMONDハーバード・ビジネス』1998年2-3月号。

2　ケースの記述については、セブン＆アイHDのホームページによる公開情報（https://www.7andi.com/）と以下の文献に基づいている。伊藤雅俊『ひらがなで考える商い上・下』日経BP社、2005年、鈴木敏文『商売の原点』講談社、2003年、鈴木敏文『商売の創造』講談社、2003年、緒方知行『タンピンカンリ』イースト・プレス、2000年、朝永久見雄『セブン＆アイHLDGS.　9兆円企業の秘密』日本経済新聞出版社、2013年、緒方知行、田口香世『セブン-イレブンだけがなぜ勝ち続けるのか？』日本経済新聞出版社、2014年、緒方知行、田口香世『セブンプレミアム進化論』朝日新聞出版、2013年。

3　セブン＆アイHDの企業概要については、セブン＆アイHD『コーポレートアウトライン（2016年度版）』（https://www.7andi.com/ir/library/co/2017.html）を参照のこと。

4　「セブン＆アイ、米コンビニの事業取得完了」『日本経済新聞』2018年1月25日。

5　『セブン＆アイ・ホールディングス2015年2月期決算説明会資料（経営方針）』（http://www.7andi.com/dbps_data/_template_/_user_/_SITE_/localhost/_res/ir/library/ks/pdf/2015_0402ksk.pdf）。

6　『セブン＆アイ・ホールディングス平成28年10月6日「中期3カ年計画のお知らせ」』（https://www.7andi.com/dbps_data/_material_/localhost/ja/release_pdf/20161006_01.pdf）。

第14章 国際化戦略

■ はじめに

　企業がその成長を志向するとき、新たな事業への参入を図る多角化戦略、あるいは、国内市場から海外市場へとマーケットを拡大する国際化戦略がしばしば採用される。製品やサービスにはライフサイクルがあり、導入、成長、成熟、衰退という段階を経ていくので、たとえ、有力なコア事業が存在しても、いつかは成熟を迎え、成長は鈍化する。したがって、企業が継続的に成長を実現するために、多角化か国際化が選択される。1億人以上の人口を抱える先進国はアメリカ合衆国と日本の2か国しか存在しないが、規模の大きな国内市場をもつことから、一般的に、日本の企業は、これまで国際化への取組みが緩やかであり、消極的であった。しかし、右肩上がりの成長の時代は終わり、市場が成熟し、複雑化、多様化する中で、アジアを中心にして国際化を進展させることの重要性は高まっている[1]。

　本章は、国際化戦略についてパンカジュ・ゲマワットの理論を取り上げ、どのように海外事業の展開が進むのか、その概要を解説することにする[2]。また、ケースについては、新興国を中心に37の国と地域に事業を展開するヤクルト本社を取り上げ、現地化と標準化をどのようにバランスさせながら、事業の国際化を図っているかを論じることにしよう[3]。

208

第14章 国際化戦略

■ 理論：国際化戦略

グローバル化への警鐘

ゲマワットは、ボーダーレス化による市場規模の拡張と標準化によるコスト削減への過度の重視に対して警鐘を鳴らす。その上で、グローバル化の本質は何かを問おうとする。ここでは、ゲマワットの国際化戦略について、グローバル化をどのように捉えるか、その考え方、グローバル化における3つの基本戦略、海外事業を実際に進めていく上での5つの組織戦略という3つの焦点について解説していく。

グローバル化をどう捉えるか

グローバル化に関する考え方について、ゲマワットは、トーマス・フリードマンが提唱する「世界はフラット化している」という考えに対抗して、「セミ・グローバリゼーション」というアイデアを提示している[4]。フリードマンは、新興国経済の勃興で経済活動のグローバル化が進み、さらに、インターネットなどの情報通信技術の発展が競争環境を均一化していく中で、アップローディ

● 図表1　グローバル化に関する考え方

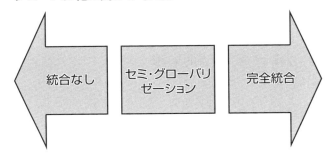

出典：パンカジ・ゲマワット『コークの味は国ごとに違うべきか』文藝春秋、2009年より筆者作成

ング、アウトソーシング、オフショアリングなどによって世界中で差異を解消
する要因が強く作用していることを論じている。

　これに対して、ゲマワットは、基本的に世界の差異は完全には解消されるこ
とはないので、世界はフラット化しないと主張している。図表１のように、世
界市場は完全統合されることもなく、反対に、全く統合されずにすむこともな
いという。つまり、現実は、部分的に統合が進むと同時に、必ず解消されない
差異が残るという、世界はセミ・グローバリゼーションである、という考え方
を提示している。

解消されない４つの差異

　ゲマワットは、CAGEフレームワークを提示し、解消されない差異として４
つの距離があることを指摘する。つまり、文化的（cultural）、政治的
（administrative）、地理的（geographic）、経済的（economic）距離が存在し、
これらの距離は簡単に解消することができないと考える。反対に、こうした距
離が大きくないときには、経済活動は比較的にスムースになり、企業のグロー
バル化を容易にする。

　例えば、文化的、地理的な距離を考えると、日本にとってアジアで事業を展
開することは比較的に容易になるのに対して、ヨーロッパの企業にとっては難
しくなる。反対に、アメリカやヨーロッパの企業にとって、中南米で事業を行
うことは、アジアの企業よりも有利になる。実際、ゲマワットは、ウォルマー
トなどの多国籍企業がどのマーケットで高いマージンを上げることができてい
るかを地理的な距離と企業業績の相関関係から分析することで、その考えを検
証しようとしている。

グローバル化における基本戦略

　グローバル化における３つの基本戦略に移ろう。ゲマワットは、グローバル
戦略においては規模の経済とローカルな条件への適応を図ることが前提である
としている。規模の経済に重点をおいて、オペレーションを世界的に展開する

第 14 章　国際化戦略

ほど、企業のグローバル性は高まる。しかし、グローバル戦略の主たる目的は、
国家間、文化間に存在する差異を克服するだけではなく、管理することにある。
したがって、図表2のように、差異への調整として適応戦略、差異の克服とし
て集約戦略、差異の利用として裁定戦略という3つのグローバル戦略が存在す
るとしている。

●図表2　グローバル戦略のツール

適応戦略：差異への調整	集約戦略：差異の克服	裁定戦略：差異の利用
・多様化 ・絞り込み ・外部化 ・設計 ・イノベーション	・地域による区分け ・絞り込み ・国以外での区分け 　○事業または製品 　○グローバル顧客管理 　○顧客の業界 　○販売経路	・文化的な差異 ・制度的な差異 ・地理的な差異 ・経済的な差異

出典：パンカジ・ゲマワット『コークの味は国ごとに違うべきか』文藝春秋、2009年

　適応戦略では、各国のローカル市場への取組みを強化することで売上高と市
場シェアを増やそうとする。これは、現地化戦略であるといえる。集約戦略で
は、複数の国を1つの市場単位とすることで、または、グローバル規模のオペ
レーションによって規模の経済を追求し、その結果、製品やサービスを標準化
し、開発と生産プロセスを統合しようとする。標準化戦略とほぼ同義であると
考えられる。裁定戦略では、サプライチェーンを構成する各要素をそれぞれ違
う国におくことによって、国や地域を単位とする市場間の差異を活用しようと
する。実際、製造小売（SPA）やオフショアでは、賃金差、時間差、技術差な
どが競争優位を生み出す源泉として活用されている。
　ポーターの基本戦略との比較で考えると、適応戦略では、強みをもつ企業が
進出した市場環境に適応することで、差別化を追求し、集約戦略や裁定戦略で
は、コストリーダーシップを発揮することが容易になると考えられる。グロー
バルに事業を展開することによって、本質的に企業が採用していた基本戦略が

第4部 成長戦略

大きく変わるかどうかについては、今後、議論を深める余地がある。

グローバル化に対応する組織戦略

海外事業を進めていく上での組織戦略として、ゲマワットは、ホームベース戦略、ポートフォリオ戦略、ハブ戦略、プラットフォーム戦略、マンデート戦略という5つの戦略について論じている。

ホームベース戦略は、自国の拠点にある強みを生かすものであり、したがって、製品の場合には、基本的に輸出される。ポートフォリオ戦略では、本社の管轄下で、自国を中心とした経済圏以外で操業する、あるいは、現地企業を買収しながら、海外拠点を構築する。拠点を一つずつ展開していくことになるので、時間がかかる戦略になる。ハブ戦略では、様々な経営資源や事業インフラを集中させたハブを拠点として設立し、ローカル事業をサポートする。この場合には、しばしば地域統括本社が設立される。

プラットフォーム戦略は、固定費を地域間で分散させるもので、規模の経済と範囲の経済を実現できる。自動車産業では、車体をはじめとして、車両を構成する部品の共通化を図ることで、コスト低減が図られる。マンデート戦略は、規模の経済を追求しつつも、地域特化して、特定地域で経営資源の集中化を図り、その結果、現地化と標準化をバランスさせる。

この5つの組織戦略は、基本的には、グローバル化が進展する中で、段階を経て、導入されるが、すべての戦略が部分的に実施され、完全に移行するとは限らない。実際、トヨタ自動車のようなグローバル企業では、5つの戦略がすべて同時に取り入れられている。

ケースを分析する視点

以上がゲマワットの国際化戦略に関する理論の概要であり、それらをどのように戦略の構築に適用していくかをまとめた。これらの考え方が実際に有効であるかを考察するために、ケースで確認していこう。ケースで検討すべきことを4つの疑問の形式にして、提示しておく。

212

第 14 章　国際化戦略

> Q1　グローバル化に対応して、どのような基本戦略が採用されているか。
> Q2　海外事業の展開において、5つの組織戦略がどのように活用されているか。
> Q3　具体的に、現地化と標準化はどのようにバランスされているか。
> Q4　さらなる成長を目指してどのような戦略が採用されているか。

■ ケース：ヤクルト本社

企業の概要

　ヤクルト本社は、ヤクルトなどを主力製品とする飲料事業を中心に、化粧品事業、医薬品事業などを展開する食品メーカーである。2017年3月期決算では、売上高3,783億円、営業利益372億円、売上高営業利益率9.9％であり、図表3と図表4のように、海外売上高比率は、38.4％、海外営業利益比率は、67％で、2017年3月から中東5か国でも販売を開始し、37の国と地域に事業を展開する

●図表3　セグメント別売上高比率（％）

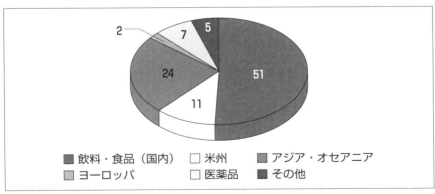

出典：ヤクルト本社『平成29年3月期　決算説明』
　　　http://www.yakult.co.jp/company/ir/finance/results/2017/pdf_tanshin/h29_04_shiryou.pdf

213

グローバル企業である。特に、飲料・食品（国内）の営業利益率が6.8%であるのに対して、飲料・食品（海外）セグメントの営業利益率は24.6%と高い利益率を誇っている。多くの日本企業がグローバル化に苦しむ中で、着実にグローバルでの展開を実現している。

ヤクルトの経営理念

ヤクルト本社は、事業を展開する上で、ミッション経営を掲げている。ヤクルト本社は、37の国と地域に対して、1日約2,660万本のヤクルトを届けている。ヤクルト本社は、売上だけでなく、1日に何本、ヤクルトを顧客に届けることができるかによって、事業の評価を行っている。ヤクルトは健康飲料であり、1日に1本飲むことで、予防と健康に努めることができると考えられている。具体的には、販売人口に対する販売実績（1日当たりの本数）の割合によってヤクルトという商品が国や地域にどれだけ浸透しているかを判断できる。少し古いデータとなるが、2013年度の割合は、韓国で8.85%、香港で7.53%、シンガポールで6.35%、台湾で4.18%、メキシコで4.01%などとなっている[5]。

その事業活動の根本には、「代田イズム」という創業者の理念が存在する。

●図表4　セグメント別営業利益比率（%）

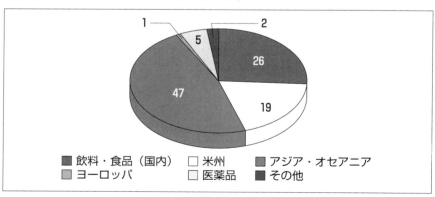

出典：ヤクルト本社『平成29年3月期　決算説明』
http://www.yakult.co.jp/company/ir/finance/results/2017/pdf_tanshin/h29_04_shiryou.pdf

第 14 章　国際化戦略

ヤクルト本社の創業者である代田稔博士が1930年に乳酸菌シロタ株（L. カゼイ YIT9029）の培養に成功したことから、1935年に乳酸菌飲料「ヤクルト」の販売が開始され、事業は始まった。当時の日本は栄養状態が悪く、赤痢などの感染症で命を落とす子供が多かったために、代田博士は病気の原因である微生物に着目し、人の健康に役立つ乳酸菌の強化培養の研究に取り組んだ。

●図表5　ヤクルトの原点、代田イズム

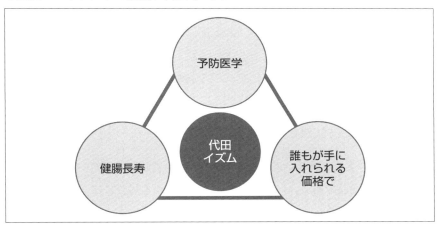

出典：ヤクルト本社『企業理念』http://www.yakult.co.jp/company/philosophy.html

　図表5のように、代田イズムは、「予防医学」、「健腸長寿」、「誰もが手に入れられる価格で」という3つを柱にしている。病気にかかってから治療するのではなく、病気にかからないための予防を重視する。そのためには、食べ物の栄養分を吸収する腸を丈夫にすることが健康で長生きすることにつながる。誰もが願う健康を手に入れるためには、誰もが買うことができる価格で1人でも多くの人に商品を提供できるようにする必要がある。ヤクルト本社は、健康を守るという使命感をもって、地域社会の問題解決に貢献するという「使命型経営」を標榜している。

第 4 部　成長戦略

使命型経営と農耕型経営

　国内事業においても海外事業においてもこのミッションを地道に浸透させるという戦略が採用される。グローバル化に向けた地道な現地化戦略を実施している。創業者の理念があり、その理念を具現化した商品としてヤクルトがあり、その価値を伝達して販売する仕組みとしてヤクルトレディシステムがある。ヤクルト本社はもう1つの経営方針として、品質が保証できる製品、新たな提供価値を、自社で手間をかけて、地道に築き上げていくという「農耕型経営」がある。この方針を貫き通すことで、地域社会から信頼という何物にも代えがたい参入障壁を築き上げることにつなげている。メキシコはヤクルト本社の海外での成功事例として取り上げられるが、宅配制度を根づかせ、販売数量を1日約10万本にするまでに9年を費やしている。

価値伝達のシステム構築

　「ヤクルト」という製品は乳酸飲料であるため、賞味期限が短いこともあり、輸出が困難な商品である。いったん、海外に進出する場合には、現地生産、現地販売が基本となる。代田イズムという理念への理解を深め、その製品の価値を伝え、広めていくことは容易ではない。時間をかけて、じっくりとバリューチェーンを構築する。したがって、商品をいきなりマスマーケットに投入するのではなく、ヤクルトレディを通して商品価値を地道に伝えるという販売方法が採用される。ヤクルトという商品の価値が広く知られるようになって、はじめてスーパーマーケットなどの販売チャネルに乗せられる。チャネル別販売比率をみると、乳製品（数量ベース）でヤクルトレディによるものが53.1％で、店頭、自動販売機が46.9％となっている[6]。

　ヤクルトレディによる宅配は、「婦人販売店システム」として1963年に導入し、継続してきた、ヤクルト本社の独自の方法である。ヤクルトレディのほとんどが家庭の主婦で、各地の販売会社にある約2,500箇所のセンター（営業所）を拠点に約3万5,600人が活躍している[7]。海外でも同様の方法が採用され、文化

216

やしきたりを大切にし、それぞれの国や地域の生活文化や食習慣に応じた健康情報を提供することで、人々に愛される地域密着型企業づくりを目指している。海外においてもヤクルトレディによる"お届け"を多くの国と地域で実施し、約4万人が活躍している。インドネシアやマレーシアでは、主婦を中心に採用を進めている。社員が1軒1軒訪問し、商品の紹介をしながら、ヤクルトレディのリクルートを行っている。イスラム圏では、本人だけでなく、家族の同意を得ることが重要となるからである。

　嗜好飲料ではないことから基本的にはフレーバー等付けることはせず、また、量を求める消費者に対しても同一容器を採用することを貫いている。誰でも手ごろな価格でという考えと健康飲料であることを伝えていく。しかし、ヨーロッパ、アメリカ、香港のように国や地域によってこの方法が展開できないエリアも存在する。しかし、その代わりにスーパーマーケット等の店頭で商品価値を伝えるという方法が活用される。

グローバル展開の軌跡

　グローバル化に早くから取り組んでいる点でも特異で、1964年から海外へ進出を始めている。海外での事業展開においては、コア事業であるヤクルトなどの乳酸飲料事業を中心に行っている。1964年から1990年までが第1期と位置づけられ、衛生環境が悪く、予防医学の必要な発展途上国を中心に事業を展開し、ヤクルト本社の理念を海外モデル化した。こうした地域では、外資規制などもあり、パートナーとの合弁という形で展開された[8]。

　1991年から2000年は第2期となり、ヨーロッパを中心に先進国に進出し、本格的な国際事業であり、ヤクルト本社による100％の出資による事業展開を選択した。ヨーロッパでは、オランダに工場があり、域内への商品を供給するハブを形成している。ヨーロッパは乳業先進国でもあり、強力な競合他社が存在し、市場では価格競争にも巻き込まれることになった。しかし、消費者とのコミュニケーションを重視し、"no discount policy"を貫いている。また、ヨーロッパはヤクルトレディシステムをそのまま導入することができない地域であ

217

第 4 部　成長戦略

り、対面コミュニケーションを小売チャネルで展開している。腸内細菌叢のバランス改善が人に有益な作用をもたらすという「プロバイオティクス」という考えも広がる中で、科学的なデータに基づいて製品の価値を地道に伝えていくという方針で、ベルギーには研究所も設立されている。

2001年から2010年は第3期となり、4地域9ブロックへの浸透を図り、「ヤクルト」のブランド化を進めた。そして、2011年から第4期に入り、世界三大人口大国であるアメリカ、中国、インドでの経営基盤の確立を目指している。通常、ヤクルトレディシステムを導入し、一定程度、製品の認知を高めた後で、小売チェーンへの展開を図っている。しかし、中国では、その反対のパターンが実施されている。また、アメリカではヤクルトレディシステムを導入できないことから、ローカルスーパーマーケット、その後、ウォルマートやセーフウェイなど、大手の流通チェーンへと拡大している。インドネシア、マレーシアなどでは「ハラル認証」をいち早く取得し、イスラム圏への拡大も図っている。2017年3月には、アラブ首長国連邦（UAE）、オマーン、バーレーン王国、カタールおよびクウェートで「ヤクルト」の輸入販売を開始した。ミャンマーにおいては、平成30年の「ヤクルト」の製造、販売開始に向けて準備を進めている[9]。このように、地域の事情に即して、事業展開が模索されている。

21世紀に入り、アジアへ進出する企業も多くなってきたが、50年近く海外展開の経験をもつヤクルト本社は地域社会への貢献という価値を機軸に、経営資源を活用、ビジネスモデルを構築し、持続可能な事業を地道に築くことに注力している。その結果、国民飲料として深く社会に受け入れられることにつながっている。

■ まとめ

ケースをサマリーすると、ヤクルト本社は、国と地域に健康を届けるというミッションを経営の柱に据えて、事業を展開し、国内から海外へとその範囲を地道に広げている。自らの価値を伝える商品を開発し、その価値が伝わるよう

第 14 章 国際化戦略

な容器と値段で提供する。また、その価値を伝えるための販売方法を独自に開発し、地域社会への貢献を果たしている。そのプロセスで、自らのビジネスモデルを確立している。

ケースを分析するために設定した4つの疑問からケースをレビューする。

Q1 グローバル化に対応して、どのような基本戦略が採用されているか。

グローバル化に対応して、基本的には現地化である適応戦略が採用されている。ミッション経営を掲げて、価値、その価値の体現する商品、価値を伝達するシステムについては独自に確立を図り、統一された方法が実施されている。また、商品の価値伝達に力を入れることで、価格による競争ではなく、差別化を志向している。

Q2 海外事業の展開において、5つの組織戦略がどのように活用されているか。

組織戦略としては、製品の賞味期限が短いこともあり、現地生産、現地販売を基本としているので、ポートフォリオ戦略が採用されている。時間をかけながら、各地域への浸透を図っているといえる。ただし、ヨーロッパにおいては、オランダをハブにしている。

Q3 具体的に、現地化と標準化はどのようにバランスされているか。

現地化と標準化のバランスについては、コア事業を中心に海外展開を実施する中で、構築してきたビジネスモデルについては、統一されているので、事業展開に関する方法論は標準化されている。しかし、基本的に食品事業であり、地域の文化差を反映して、どのように実施していくかについては、現地化が取り入れられている。

Q4 さらなる成長を目指してどのような戦略が採用されているか。

基本的に、海外の進出先を拡大することで成長を志向してきた。ヤクルト

第 **4** 部　成長戦略

という飲料を中心としていることもあり、１億人以上の人口を有する国を中心に事業を拡大することで成長し、その進め方には大きな変化はない。

注

1　J. S. Black & A. J. Morrison, *Sunset in the land of the rising sun*, INSEAD Business Press, Palgrave Macmillan, 2010.

2　パンカジ・ゲマワット『コークの味は国ごとに違うべきか』文藝春秋、2009年、パンカジュ・ゲマワット「海外市場のポートフォリオ分析」『DIAMONDハーバード・ビジネス・レビュー』2002年１月号、パンカジュ・ゲマワット「トリプルＡのグローバル戦略」『DIAMONDハーバード・ビジネス・レビュー』2007年６月号、パンカジュ・ゲマワット「グローバル競争とリージョナル戦略」『DIAMONDハーバード・ビジネス・レビュー』2006年３月号。

3　ケースの記述は、ヤクルト本社のホームページで提供される公開情報と以下の文献に基づいている。ヤクルト本社『平成29年３月期　決算説明』（http://www.yakult.co.jp/company/ir/finance/results/2017/pdf_tanshin/h29_04_shiryou.pdf）、ヤクルト本社『ヤクルトの概況　平成29年８月』（http://www.yakult.co.jp/company/pdf/gaikyo2017.pdf）、ヤクルト本社『Yakult Vision 2020』2011年１月28日（http://ir.yakult.co.jp/houshin/plan/pdf/YakultVision2020ja.pdf）、ヤクルト本社『国際事業説明会』2013年12月12日（http://www.yakult.co.jp/company/ir/meeting/international/pdf/kaigai201312_1.pdf）、赤星良一「ヤクルトのグローバルブランド化戦略」新井ゆたか編著『食品企業　飛躍の鍵』ぎょうせい、2012年、内田通夫「世界経済にリンク　ヤクルトの成功例」『週刊東洋経済』2007年９月15日号、成田裕「ヤクルト本社　アジアでも家庭訪問でヤクルトレディを探す」『週刊東洋経済』2012年９月15日号、「ヤクルト本社－"異文化理解"を促す『国際塾』で国際感覚を養う（特集 海外展開強化に向けた布石 グローバル人材の育成策）」『労政時報』第3808号、2011年、「イスラム狙う　ヤクルト・味の素　東南アジア食品展開カギは『ハラル認証』」『週刊東洋経済』2009年11月28日号。

4　トーマス・フリードマン『フラット化する世界　[増補改訂版] 上・下』日本経済新聞出版社、2008年。

5　ヤクルト本社『国際事業説明会』平成25年12月12日（http://www.yakult.co.jp/company/ir/meeting/international/pdf/kaigai201312_1.pdf）。

6　ヤクルト本社『平成29年３月期　決算短信補足説明資料』（http://www.yakult.

co.jp/company/ir/finance/results/2017/pdf_tanshin/h29_04_hosoku.pdf）。

7　ヤクルト本社『企業概要　2017－2018』（http://www.yakult.co.jp/company/
pdf/company2017-2018.pdf）。

8　以下、グローバル展開の軌跡については、赤星良一「ヤクルトのグローバルブ
ランド化戦略」新井ゆたか編『食品企業　飛躍の鍵』ぎょうせい、2012年及びヤ
クルト本社『国際事業説明会』平成25年12月12日（http://www.yakult.co.jp/
company/ir/meeting/international/pdf/kaigai201312_1.pdf）を参照のこと。

9　ヤクルト本社『平成29年３月期　決算短信〔日本基準〕（連結）』（http://www.
yakult.co.jp/company/ir/finance/results/2017/pdf_tanshin/h29_04_tanshin.pdf）。

第15章 M&Aとアライアンスの戦略

■ はじめに

　バブル絶頂期である1990年には、合併買収（M&A）は、754件であった。その後、2000年代以降、法整備が進んだこともあり、急激に増加し、2017年には3,016件まで上昇した。日本企業同士のM&AであるIN-IN、日本企業による海外企業のM&AであるIN-OUT、海外企業による日本企業のM&AであるOUT-INに分類される。件数でみると、IN-INが多数を占めるが、買収金額でみると、IN-OUTが増加していることがわかる[1]。IN-INに限っては、中小企業を中心にして、後継者問題に対応する事業継承などのために、しばしばM&Aが行われている。これに対して、競争環境の変化に対応して、事業ポートフォリオを見直し、グローバルにコスト競争力や技術力を高めるなどのために、大企業を中心にIN-OUTが増加している。しかし、他方で、大型M&Aやアライアンスが必ずしも成功していないこともあり、それらの活用に対して慎重になる企業も少なくないという現状にある。

　本章では、戦略論の視点からM&Aとアライアンスに関する理論を取り上げて、M&Aとはどのようなものか、M&Aとアライアンスをどのように選択するか、M&Aをどのように進めるか、についてその概要を解説する[2]。また、ケースとしては、ダイキン工業を取り上げる[3]。コア事業を強化するためにM&Aとアライアンスを活用しながら、先進国だけでなく、新興国などでの成長市場でどのようにグローバル展開を推進しているかを論じる。

第 **15** 章　M&Aとアライアンスの戦略

■ 理論：M&Aとアライアンス

M&A戦略とは何か

　まず、戦略としてM&Aとはどのようなものであるかをジェイ・バーニーの
整理に基づいて説明していこう。M&Aを検討する企業は、戦略的関連性のあ
る企業をターゲットとして探索する。既存事業との戦略的関連性の源泉として
は、マーケティングや生産などの優位性を求める「技術優位性」、市場支配力
を高める「金銭上の経済性」、事業ポートフォリオやリスク低減を狙った「多
角化の経済性」という3つが主要なものとして考えられる。

　また、M&Aを行うことで得られる具体的なリターンとしては、生産コスト
や流通コストの削減、節税、優遇税制などの財務的動機、資本の有効活用、製
品市場における市場支配力の獲得、ターゲット企業の非効率な経営陣の排除な
どのような効果が期待されている。

　さらに、M&Aのカテゴリーを分類すると、以下の5つが挙げられる。

① 　供給者や顧客を買収する垂直型合併
② 　競合企業を買収する水平型合併
③ 　既存製品を補完する製品ラインを獲得する製品拡張型合併
④ 　新たな市場を獲得する市場拡張型合併
⑤ 　ビディング企業とターゲット企業の間に戦略的関連性をもたないコング
　　ロマリット型合併

M&Aが採用される理由

　M&Aは上記のような理由、効果を期待して実施されるにもかかわらず、
M&Aに関する実証的な研究では、多くの買収は成功していないことが指摘さ
れている。標準以上の利益を得ることができるのは、買収される側であり、買
収側はしばしば標準以下あるいは標準的な利益しか得ることしかできない。

　それでは、なぜ、M&Aが戦略として採用されるのか。いくつか理由が考え

223

第4部　成長戦略

られるが、バーニーは、以下の5つを挙げている。

① 生き残り、業界再編への対応する企業存続の確保
② 投資の有効活用を促されるフリーキャッシュフローの存在
③ 成長へのプレッシャーから自社の規模拡大を志向させるエージェンシー問題
④ 経営者の傲慢
⑤ 標準を上回る利益をもたらす可能性

　このような様々な理由が複雑に絡み合うことによって、M&Aは戦略として活用されている。

M&Aとアライアンスの選択

　続いて、M&Aとアライアンスをどのように選択すべきかに関する議論をみていこう。ジェフリー・ダイアーらによって、M&Aが必ずしも成功しない理由の1つに、M&Aとアライアンスを同列に考え、どちらを選択すべきか、明確に検討していないことが指摘されている。

　まず、両者の違いについてみると、M&Aは株価に基づいた競争的な取引であるためにリスクが高いのに対して、アライアンスは協調的な交渉であるために比較的にリスクは低い。また、一般的に、M&Aは規模の拡大やコスト削減の手段として利用される。これに対して、アライアンスは新たな市場、顧客層、地域に参入する上で利用される。このような違いがあり、案件に応じて使い分ける必要がある。にもかかわらず、何回かアライアンスに成功した企業は、M&Aが必要とされる状況でも、アライアンスに固執するということが起きる。また、M&Aとアライアンスを担当する部門が異なり、組織の壁が足かせになると、戦略としてどちらを採用するか、比較検討が行われずに、一貫した行動をとることが難しくなる。

　M&Aとアライアンスという2つの戦略の長所と短所を比較し、提携すべきか、それとも買収すべきかについて、体系的に意思決定を行うことが重要であり、

第 **15** 章　M&A とアライアンスの戦略

●図表 1　買収か提携かの選択

		要因	戦略
1	Types of Synergies シナジーのタイプ	モジュール・シナジー	出資を伴わない提携
		シーケンシャル・シナジー	資本提携
		レシプロカル・シナジー	買収
2	Nature of Resources 経営資源の種類： ハード資源に対する ソフト資源の相対的価値	低い	出資を伴わない提携
		低い／中程度	買収
		高い	資本提携
3	Extent of Redundant Resources 余剰資源	低い	出資を伴わない提携
		中程度	資本提携
		高い	買収
4	Degree of Market Uncertainty 不確実性	低い	出資を伴わない提携
		低い／中程度	買収
		高い	資本提携
5	Level of Competition 競争の程度： 経営資源をめぐる 競争の激しさ	低い	出資を伴わない提携
		中程度	資本提携
		高い	買収

出典：ジェフリー・ダイアー、プラシャント・ケール、ハーバー・シン「提携すべき時、買収すべき時」『DIAMONDハーバード・ビジネス・レビュー』2005年2月号

　そのためには、評価すべき要因を特定しておく必要があるという。ダイアーらは、図表1のように、M&Aかアライアンスかの選択する場合には、シナジーのタイプ、経営資源の種類、余剰資源、不確実性、競争の程度を判定の材料として活用することを提案している。例えば、シナジーのタイプの違いについては、以下のとおりに説明している。

(1)　モジュール・シナジー

　経営資源についてそれぞれの企業が独立して管理し、個々に成果だけを持ち寄り、利益の最大化を目指すモジュール・シナジーを引き出すためには、出資を伴わない提携が適している。

225

第 4 部　成長戦略

⑵　シーケンシャル（続生型）・シナジー

一方の企業が業務を完了し、次にパートナーがその結果を受け取り、これを自社業務に生かすシーケンシャル（続生型）・シナジーを求める場合には、両社の経営資源は因果のごとく相互依存する関係にあるので、資本提携を交わすことが適切となる。

⑶　レシプロカル（互恵型）・シナジー

レシプロカル（互恵型）・シナジーのように、知識の共有化を繰り返しながら、企業同士が緊密に連携して業務を遂行する場合には、両社の経営資源を集約するだけでなく、大幅にカスタマイズする必要があるので、アライアンスよりもM&Aが望ましいと考えることができる。

ダイアーらは、最終的な選択は、過去に手がけたM&Aやアライアンスの経験にどうしても影響を受けるという。長年の経験をコアコンピタンスとして蓄積している企業もある。しかし、ほとんどの企業は、M&Aかアライアンスのいずれかが得意なために、自社の得意な戦略にこだわる傾向が強くなる。実際には、M&Aとアライアンスの両方に対処する能力を育てることが、誤った選択を避けるために最も重要である。

どのようにM&Aを進めるか

デイビッド・ハーディング＝サム・ロビットは、大型のM&Aを実施する場合、自社の競争基盤を十分に理解しないことが失敗の原因になることを指摘している。大型のM&Aに成功するために以下の3つの点を挙げている。

①　現在の競争基盤のテコ入れとなる場合
②　異なる競争基盤にシフトしつつ、かつM&Aによって業界をリードできる場合
③　業界の変化と歩調を合わせられる場合

独自の競争基盤をもっているにもかかわらず、それらを十分に認識せずに、

第 15 章　M&A とアライアンスの戦略

大型のM&Aを行うと、自らの競争基盤を希薄化させ、反対に競争力を失うことが起きる。したがって、M&Aを成功させるためには、競争基盤をレビューし、その適合性から可否を判断する必要があるという。

　また、競争基盤を形成する要素として、コストの優位性、ブランド力、顧客ロイヤリティ、実質資産の優位性、政府の保護の5つを挙げている。M&Aを検討するときには、まず、自社の事業はどのように稼いでいるのか、すなわち、競争基盤は何かを明確にする必要がある。その上で、ターゲットとなる企業を買収し、事業ポートフォリオに加えることで、競争基盤を活用した戦略はどのように強化されるのか、その結果、自社の価値はどれくらい高まるのかを分析することが求められる。

　しかしながら、技術革新、法改正、新たなライバルの出現などで業界の競争基盤が急激に変化することがある。その場合、市場に適応する上で、有機的な方法ではコア事業を変革できないことがある。このような状況下では、事業を再構築するために、M&Aが効果的な方法になることがある。

　M&Aを成長戦略に活用するためには、M&Aの機会に恵まれる以前からそれらを求めて計画立案して、準備を進めておくことが重要である。まずは、M&Aの機会が現れる以前から自社の競争基盤をレビューし、来るべきチャンスに備え、戦略を入念に検討することが大切になる。次に、どのような種類の案件に狙いを定めるか、熟考を重ねることも求められる。そのためには、社内にM&Aチームを形成し、投資テーマと優先優位を明らかにした買収候補リストを作成し、将来有望な企業を買収する機会をうかがう。最後に、各候補企業と体系的な関係を育み、この企業が売りに出されると、すぐに話し合いのテーブルにつかなければならない。

　戦略的にM&Aを活用することは、大型買収を通じて企業変革を試みるアプローチとは異なる。M&Aで成功している企業は、その後も多くのM&Aを繰り返す。このような企業は、ほぼ継続的にM&Aを続け、その平均規模は小さいとハーディング＝ロビットは結論づけている。

227

第 **4** 部　成長戦略

ケースを分析する視点

　以上がM&A戦略とはどのようなものか、M&Aとアライアンスを選択する判断基準はどのようなものか、実際にM&Aを実施する場合にはどのように計画するか、に関する研究について解説した。こうしたM&A戦略に関する理論が有効であるかどうかを確認するために、ケースで確認していく。ケースで検討すべきことを4つの疑問の形式にし、提示しておく。

> Q1　どのようなタイプのM&Aが選択されているか。
>
> Q2　M&Aとアライアンスはどのように選択されているか。
>
> Q3　M&Aとアライアンスはどのような効果をもたらしているか。
>
> Q4　成長を進めるためにどのような戦略が採用されているか。

■ ケース：ダイキン工業

企業の概要

　ダイキン工業は、空調・冷媒機事業、化学事業などをグローバルに展開し、今や空調世界一の企業である。図表2にあるように、空調・冷媒機事業が90%を占めるコア事業となっている。2017年3月期においては、売上高2兆440億円、営業利益2,308億円、海外事業比率75%、株式資本当期純利益率（ROE）14.5%という業績をあげている。図表3のように、日本、米国、中国、アジア・オセアニア、欧州にそれぞれ生産拠点をもち、一地域に偏ることなく、グローバルに事業展開を行っている。

228

● 図表2　セグメント別売上高比率（％）

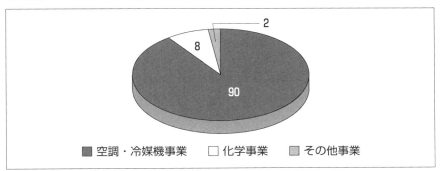

出典：ダイキン工業2017年3月期（平成29年度）決算説明資料
　　　http://www.daikin.co.jp/data/investor/kessan/h290511/keiei.pdf

● 図表3　地域別売上高比率（％）

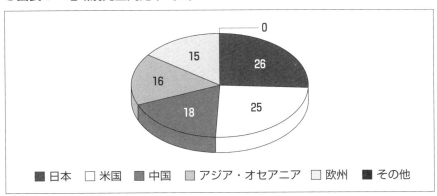

出典：ダイキン工業2017年3月期（平成29年度）決算短信
　　　http://www.daikin.co.jp/data/investor/zaimu/h29/tanshin170510.pdf

業界の動向

　業界の動向をみると、空調事業は、夏の気温や天候によって販売が上下し、需要のボラティリティが高いビジネスである。国内市場については、すでに成熟しているばかりでなく、競合企業も多く、大きな成長を見込むことはできな

い。しかし、グローバル市場に目を向けると、中国をはじめとして、新興国を中心に、依然として成長が見込まれる。また、欧州ではエアコンをつける習慣がなかったものの、2003年の異常な猛暑を受けて、家庭での設置も進み、成長市場となっている。

2016年の世界のエアコン需要は、10,231万台で、前年よりも2.9％増加したと推定されている。中国の需要は世界全体の39.7％を占め、前年よりも3.5％増加したとみられている。日本と中国を除くアジア市場では、前年よりも8.4％増加、欧州市場で12.2％増加したのに対して、日本市場は2.8％増加、北米市場は1.8％増加、中南米市場は11.7％減少と推定されている[4]。

戦略経営計画の策定

ダイキン工業の戦略については、1995年以降、「FUSION」という戦略経営計画を策定し、1995年から2000年までFUSION21、2001年から2005年までFUSION05、2006年から2010年までFUSION10、そして、2011年から2015年までFUSION15を発表している。

戦略経営計画FUSIONとは、グループ経営理念および現状認識をもとに、5年で目指したいグループの発展の方向を定めたダイキン工業の戦略経営計画である。実行計画として、3年先の定量目標を設定するとともに、構造改革など経営革新に重点を置いた、5年先の目指す姿が設定されている。FUSIONとは、様々な局面での融合を意図したものであり、以下のような内容が戦略の柱に据えられている[5]。

- 短期の収益力と長期の成長性の両立
- 国内外グループ企業との連携
- 他社との連携
- 組織の垣根を低くした部門間一体となった取組み
- 開発・生産・販売・サービスが一体となった取組みなど

第 **15** 章　M&A とアライアンスの戦略

経営改革の推進

　ダイキン工業は、1994年3月期に、17年ぶりに経常赤字を計上し、同年、井上礼之氏が社長に就任した。井上社長（現、会長）はFUSION21を策定し、戦略事業単位（SBU）別管理による不採算事業の撲滅、間接部門の効率化、製造コストダウンの推進など、収益構造の革新を進めた。その上で、グローバル展開の加速という将来の発展基盤の確立に向けて、経営改革に取り組んだ。研究開発（R&D）に力を入れて、製品の差別化を高めるためにプロダクトイノベーションを進め、需要変動に対応できるようにプロセスイノベーションに取組み、1999年には生産リードタイムの短縮化を図るハイサイクル生産を導入した。

　具体的には、FUSION21では、国内事業の立て直しについて、業務用、家庭用、ビル用の空調事業をコア事業とし、戦略の三本柱とした。これに対して、事業の多角化ではじめていた産業用ロボット事業、医療機器事業、真空ポンプ事業、立体駐車場事業などについては、撤退あるいは売却した。事業ポートフォリオを見直すことで選択と集中を進めた上で、成長を志向し、海外市場へと目を向けた。1980年代から欧州へは代理店方式で市場進出を行った。しかし、その後は、販売会社を買収し、ユーザーや小売店のニーズへの対応を高めることで、販売の拡大を図った。また、大きな成長・需要を期待できる地域には変化対応力を高め、「市場最寄り化」を実現するために、生産拠点をチェコに設立した。さらに、1995年には上海のミシンメーカーと合弁事業をはじめて、中国市場への参入を進めた。

M&A による国際化

　大型のM&Aとして、2006年にはマレーシアのOYLインダストリーズ社を2,438億円で買収した。OYLインダストリーズ社は、その傘下に空調で米国第4位のマッケイ・インターナショナル社を所有していた。ダイキン工業は、技術力と品揃えに強みがあるものの、大型業務用空調システムであるアプライド商品と低価格品に弱みをもっていた。日本ではダクトレス方式が主流である。

231

第 **4** 部　成長戦略

しかし、米国ではダクト式が主流であり、すでにキャリア、トレーン、ヨークなど米国大手が販売網を構築し、新規参入が難しい市場になっていた。実際、ダイキン工業は、2度、米国に参入して、2度、撤退を強いられた。

　OYLインダストリーズ社は、低価格ルームエアコンとグローバルな部品調達について強みをもち、ダイキン工業と補完関係にあった。また、大型アプライド事業をもつマッケイ・インターナショナル社を取り込むことで、再度、米国市場に進出する足がかりを構築した。この結果、ダイキン工業は、空調のグローバル市場においてキャリアに次ぐ第2位のポジションを確保することができた。

アライアンスの活用

　2008年には、中国最大空調機メーカーの珠海格力電器と業務提携を行った。珠海格力電器は、家庭用エアコンで世界一の生産量を誇り、自社生産に強いメーカーであり、生産コストの削減と品質のこだわりに強みをもっていた。2009年には、インバータ用圧縮機と低コスト・高品質金型を生産する会社を合弁で設立し、出資比率は珠海格力電器51％、ダイキン工業49％であった。この業務提携によって、ダイキン工業は、珠海格力電器に対して部屋の温度に合わせて冷風を自動に調節する省エネ技術であるインバータ技術をオープン化し、ローコスト生産を武器にして中国市場をインバータ機に塗り替えることを意図していた。

　当時、インバータ比率は日本ではほぼ100％であったものの、欧州は20％、中国では8％であった。中国では、低価格のノンインバータが主流であり、業務提携によって中国市場の主流をインバータにすることを狙ったのである。珠海格力電器との提携によって、部品も安く調達できるようになった。しかし、すべての技術をオープン化したわけではなく、圧縮機モーターを最適制御するためのインバータソフトウェアについてはブラックボックス化し、コア技術を守っている。2010年には、中国R&Dセンターを設置し、研究開発を続けるとともに、コスト競争力を高めることで、ボリュームゾーンへの対応力を高める

第 15 章　M&A とアライアンスの戦略

ことにつながった。

さらなる成長を求めて

2012年には、さらに、大型のM&Aに取組み、米国のグッドマン・グローバルを過去最大の2,960億円で買収した。この結果、ダイキン工業は、文字どおり世界一の空調機器メーカーとなった。これで、米国で主流であるダクト式への対応が可能になった。また、次の柱と考えられるヒートポンプ式暖房・給湯器事業という暖房事業にも目をつけ、2008年には、ドイツのロテックス社の買収も行っている。2009年には、国内エアフィルター事業トップの日本無機株式会社、2011年には、トルコの空調機メーカーエアフェル社、2013年には、インドネシアの業務用空調機器の販売代理店であるTSP社を買収している。さらに、2015年には、大手化学メーカーソルベイ社から欧州の冷媒事業、2016年には、米国のエアフィルターメーカーのフランダース、イタリアの業務用冷凍・冷蔵機メーカーのザノッティ社、北欧のエアフィルターメーカーのディンエア社というように、次々とグローバル市場での事業基盤を固めるために、M&Aを繰り返している[6]。

■ まとめ

ケースをサマリーすると、ダイキン工業は、バブル崩壊後、減益に見舞われて、経営改革に取組み、まず、コア事業を定めた。また、その周辺領域でコア事業を生かしながら、これまで取り扱ってこなかった商品やサービスを開発する方向性を明確にするために、事業の見直しを行い、選択と集中を実施した。その一方で、成長力を高めるために、グローバル化を強力に推進する方向性を採用した。欧州での販売会社の買収、中国での合弁事業、OLYインダストリーズ社の買収、珠海格力電器との業務提携、グッドマン・グローバルの買収などのように、矢継ぎ早にM&Aとアライアンスを活用し、グローバル事業の展開を推進することで、戦略目標としていた世界一を達成している。

233

第 **4** 部　成長戦略

　ケースを分析するために設定した4つの疑問からケースをレビューする。

Q1　どのようなタイプのM&Aが選択されているか。

　空調事業をコア事業として定め、また、目的を明確にすることで、それぞれ垂直統合、水平統合、製品拡張、市場拡張のM&Aを機動的に実施している。

Q2　M&Aとアライアンスはどのように選択されているか。

　対象となる企業の状況に合わせて、M&Aかアライアンスを選択している。中国市場では、自らの強みであるインバータ技術が力を発揮し、市場で標準規格とするために、技術のオープン化というリスクもとりながら、競合企業と業務提携を行い、インバータ比率を高めることで、市場の拡大を図っている。

Q3　M&Aとアライアンスはどのような効果をもたらしているか。

　目的に応じて、M&Aとアライアンスを使い分け、M&Aによって市場参入を実現し、アライアンスによって市場拡大を成功させている。多くの日本企業が採用する垂直統合の自前主義という方法では、グローバルに対応できないので、水平分業とオープン化を大胆に進めることで、グローバル化を強力に推し進めている。

Q4　成長を進めるためにどのような戦略が採用されているか。

　経営危機に見舞われた際に、大胆に事業選択を図ることで、コア事業に経営資源を集中した。また、研究開発に力を注ぎ、製品とオペレーションのイノベーションを通じて差別化を強化している。そうした基盤を固めた上で、M&Aとアライアンスを機動的に活用しながら、国際化を強力に推進することで、成長を図ってきた。

234

第 **15** 章　M&A とアライアンスの戦略

注

1　「2017年12月　M&A 統計（表とグラフ）」『MARR』2018年 2 月号、レフコデータ。

2　M&A 戦略に関する理論の解説については、以下の文献に基づいている。ジェイ・バーニー「第14章　合併買収」『企業戦略論　下』ダイヤモンド社、2003年、ジェフリー・ダイアー、プラシャント・ケール、ハーバー・シン「提携すべき時、買収すべき時」『DIAMOND ハーバード・ビジネス・レビュー』2005年 2 月号、デイビッド・ハーディング＝サム・ロビット「成長する M&A の源泉」『DIAMOND ハーバード・ビジネス・レビュー』2005年 2 月号。

3　ケースの記述については、ダイキン工業の公開情報（http://www.daikin.co.jp/）と以下の文献に基づいている。井上礼之『人の力を信じて世界へ』日本経済新聞出版社、2011年、井上礼之『世界で勝てるヒト、モノづくり』日経 BP 社、2013年、井上礼之「特別インタビュー　M&A はグローバル人材を育てる道場」『一橋ビジネスレビュー』2013年秋号、池冨仁「企業レポート　ダイキン工業」『週刊ダイヤモンド』2014年 1 月18日号、鈴木豪「企業特集　ダイキン工業」『週刊ダイヤモンド』2008年 7 月29日号、佐藤寛久「企業レポート　ダイキン工業」『週刊ダイヤモンド』2004年12月 4 日号、澤田英之「ダイキン工業の軌跡　戦前から培われた M&A の DNA」『MARR』2015年 9 月号。

4　日本冷凍空調工業会「世界のエアコン需要推定結果」（https://www.jraia.or.jp/download/pdf/we2017.pdf）。

5　ダイキン工業「FUSION の考え方」（http://www.daikin.co.jp/investor/fusion_1.html）。

6　ダイキン工業「ダイキンの歴史」（http://www.daikin.co.jp/company/history/index.html）。

235

第16章 グローバルニッチ戦略

■ はじめに

　少子高齢化が進む中で、日本企業の多くは、国内市場の縮小に直面している。こうした課題に対応するために、海外への進出、特に、アジアを中心とする新興市場にいかに参入していくかがその解決の鍵と考えられている。しかしながら、多くの日本企業は、品質の高い製品でハイエンド層へアプローチできているものの、ボリュームの大きい中間層やローエンド層では価格競争力が弱く、苦戦を強いられている。また、スピードが求められる市場でM&Aなどにも消極的で参入に後れをとっている。たとえ、参入を果たした場合にも本社中心の意思決定のために現地のニーズに応えられないという事態に陥っている。さらには、現地人材を十分に生かすことができずに、マーケットに適応できないなど、国際化に向けた課題がいくつも指摘されている[1]。

　本章では、日本企業が今後、アジアを中心とするマーケットに進出していくヒントを得るために、ハーマン・サイモンがその調査から明らかにした「隠れたチャンピオン」というニッチ市場で大きなシェアを獲得しながら、グローバルに事業展開を推進するビジネスモデルについて解説する[2]。また、ケースについては、農業用運搬車の市場で全国トップのシェアをもち、世界43か国で事業展開を図る筑水キャニコムを取り上げる[3]。いわゆるグローバルニッチ戦略を展開する企業が共有している特徴について考える[4]。

第 16 章　グローバルニッチ戦略

■ 理論：グローバルニッチ戦略

隠れたチャンピオンとは

　まず、サイモンが定義する「隠れたチャンピオン」とはどのような企業を意味するのかをみていくことにしよう。隠れたチャンピオンと呼ばれる企業には、以下のような特徴が指摘されている。

①　中小企業でありつつも、絞り込まれた市場でシェア50％以上を確保している。

②　あまり目立たない製品を取り扱っているが、グローバルに事業展開を行っている。

③　長く存続している長寿企業であり、継続して成長を続けている。

　このように、隠れたチャンピオンとは、ニッチ市場で競争力をもち、グローバルに事業を展開するいわゆるグローバルニッチ戦略を採用している企業といえる。

基本的な特徴

　続いて、その特徴の詳細について、目標とビジョン、市場とグローバル化、顧客とイノベーション、競争、パートナー、チーム、リーダーという観点から論じる。隠れたチャンピオンは、高い目標とビジョンをもっているという。野心的で、市場シェアでトップになるだけでなく、あらゆる点から市場で第一人者であろうとする。革新性、技術力、コアコンピタンスなど模倣不能な競争力を構築し、成長への執念が強く、つねに高い目標に向かって邁進し、その結果、若くて意欲的な人材を引きつけることができる。強みを一層強化しようとしているので、何か新しいチャレンジがいつも用意されている。

237

第4部 成長戦略

焦点戦略と国際化戦略の融合

　市場に対するアプローチは、焦点戦略であり、明確にターゲットが絞り込まれる。どの市場を狙うかということが戦略の中核にある。市場は、自社のコアコンピタンスと顧客ニーズによって定められ、また、提供される製品の用途、顧客グループ、技術、価格水準、品質、地域などの軸によって定義される。製品のラインアップについては、「広く浅く」ではなく、「狭く深く」である。つまり、製品ラインの幅は広くないが、扱う製品のバリエーションは多様で深さを追い求める。サイモンは、図表1のように、ドイツの中小企業である業務用皿洗い機メーカーのヴィンテルハルター・ガストローム社を典型的な事例として提示している。

●図表1　広さよりも深さ：W・ガストロームの重点的戦略

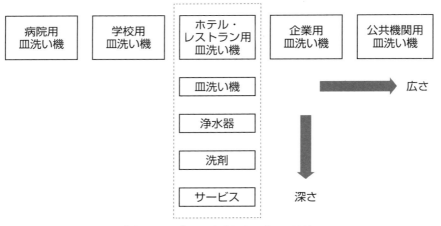

出典：ハーマン・サイモン『隠れたコンピタンス経営』トッパン、1998年

　絞り込まれた市場においてマーケットリーダーになり、市場を新しく作り出そうとする。その結果、代替品は少なく、競合他社も限られる。図表2のように、市場がなくなる市場リスクは高いが、競争リスクの低いマーケットをター

第 **16** 章　グローバルニッチ戦略

ゲットにしている。これに対して、一般的に大企業で採用される多角化戦略では、市場リスクは高くはないが、そのために、多くの競合他社の参入を招き、競争リスクは高くなる。

　グローバル化に対しては、自社のブランドイメージを確立しながら、マーケットを世界に広げる国際化戦略が採用される。1つの地域や国では市場は狭く、小さくても、1つのコア事業を様々な国や地域で行うことで成長を続けることができる。グローバル展開については、輸入業者や代理店を活用することよりも、自ら子会社を作り、直接的な顧客との取引を志向する。隠れたチャンピオンは、平均で売上の50％以上が海外売上であり、輸出も多い。設立直後から輸出に取組み、言語の障壁を克服し、従業員を積極的に海外派遣している。図表3のように、サイモンはグローバルニッチ戦略という用語を使っていない。しかし、戦略としては焦点戦略と国際化戦略を組み合わせている。

イノベーション重視による徹底した差別化

　焦点戦略を採用しているために、ターゲットは絞り込まれ、基本的に少数の顧客に依存している。そのために、顧客に対しては長期で深い関係を確立し、

●図表2　市場の特化に関するリスクの比較

		市場リスク	
		低い	高い
競争リスク	低い		隠れたチャンピオンの 焦点戦略
	高い	多角化戦略 （大企業で一般的）	

出典：ハーマン・サイモン『隠れたコンピタンス経営』トッパン、1998年

239

第4部　成長戦略

●図表3　隠れたチャンピオンの戦略の2つの柱

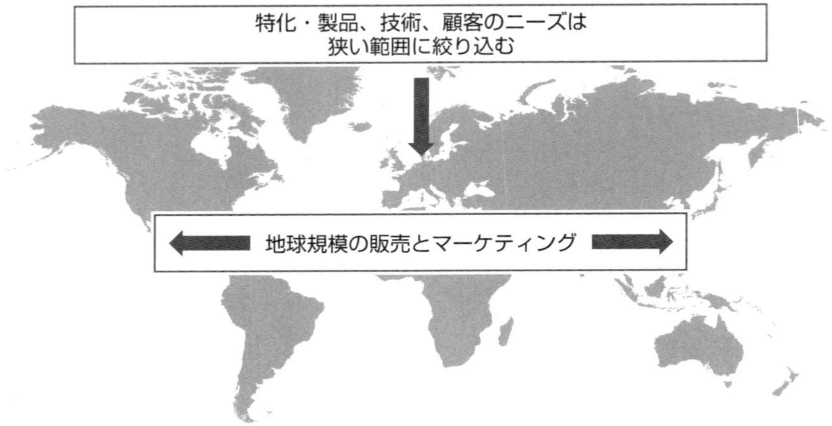

特化・製品、技術、顧客のニーズは
狭い範囲に絞り込む

地球規模の販売とマーケティング

出典：ハーマン・サイモン『隠れたコンピタンス経営』トッパン、1998年

製品だけでなく、複雑な問題解決やシステムを売りにしようとする。大企業とは異なり、顧客に対応する部門は分業化されず、全社一丸で対外的な機能を果たす。経営陣が顧客と直接コンタクトし、顧客の要求に応じて製品やサービスを絶えず調整していくことで、クオリティの高さを維持できる。

　このことがイノベーションへとつながっていく。隠れたチャンピオンは、多くの特許を保有し、革新的な製品から大きな利益を引き出す。市場の要求に応えることで製品を改良するとともに、社内の組織能力を高めるために、技術力を磨き、絶えまなくプロセスの改良に取り組む。市場と技術をバランスさせ、社外と社内を強く結びつける。顧客と直接コンタクトし、共同開発を進め、試行錯誤を繰り返し、スピード感をもって、実験的に取り組むことで、つねに最新の製品をリリースしようとする。

　したがって、競争については、圧倒的な差別化であり、顧客のニーズに徹底的に応える製品とサービスを提供することで競争優位を確立する。また、社内では他社に模倣できない組織能力を構築している。その結果、国内に強力なライバルがいる場合もあるが、競合他社は多くはなく、少数精鋭で競合と争って

240

いる。限られた相手と激しく競っているので、基本的に情報をあまり公開しようとしない秘密主義の会社も多い。パートナーとの関係についても、自己依存型で、基本的にはすべて自力で成し遂げようとする。中核部分に専門化し、集中化することで、製品のクオリティを上げているので、自社が製造する部品製造、その機械まで内製化しようとする。その中で技術力を高め、従業員のやる気も高めている。

チャレンジ精神旺盛な組織文化

組織文化については、専門知識と学習能力を有する意欲の高い従業員を確保している。明確な価値観が社員にしっかり根づき、創造性を高め、官僚制を徹底的に排除する社風を形成する。リーダーは、不屈のエネルギーをもち、長期間、会社を率いている。また、価値観や社風を維持するために、非公開の同族企業が多い。目標や価値観については独裁的であるのに対して、オペレーションや技術開発では、社員の参加、自主性を尊重する。規模を追求せず、クオリ

●図表4　3つの円と8つの教訓

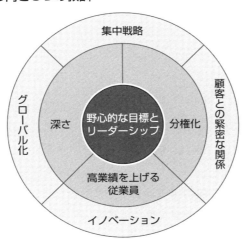

出典：ハーマン・サイモン『新装版　グローバルビジネスの隠れたチャンピオン企業』中央経済社、2015年

第 **4** 部　成長戦略

ティを求めて、多角化よりは焦点化を目指し、矛盾の解決に心血を注ぎ、新し
いことへのチャレンジを止めない企業といえる。

ケースを分析する視点

　図表4のように、サイモンは、隠れたチャンピオンの基本的な特徴をサマリ
ーしている。ニッチマーケットでグローバルに成長を長期的に続ける中小企業
から学ぶことができる教訓がまとめられている。こうしたグローバルニッチ戦
略に関する考え方が実際にどのように取り入れられ、活用されているかをケー
スで確認していくことにしよう。ケースで検討すべきことを4つの疑問の形式
にし、提示しておく。

Q1　どのような市場や顧客をターゲットにしているか。

Q2　競争優位を確立するために、どのような工夫をしているか。

Q3　グローバル化に対しては、どのように取り組んでいるか。

Q4　成長を続けるためにどのような戦略が採用されているか。

■ ケース：筑水キャニコム

企業の概要

　筑水キャニコムは、事業としては、農業用・土木建設用・林業用運搬車、草
刈作業車、産業用機械などを製造、販売し、一般的には農業機械業界に属する。
農業機械メーカーの大手には、国内最大手のクボタを筆頭に、ヤンマーホール
ディングス、井関農機、三菱マヒンドラ農機などが挙げられる。その中で、筑
水キャニコムは、農業用運搬車で全国トップの40％以上のシェアをもち、この
カテゴリーで200種以上の多様な製品を展開している。図表5のように、2012
年12月に売上高31.8億円から順調に売上高を伸ばし、2016年12月期で売上高
56.6億円、純利益4,367万円を計上している[5]。また、世界43か国で事業を展開

242

第16章 グローバルニッチ戦略

●図表5　筑水キャニコムの売上高の推移

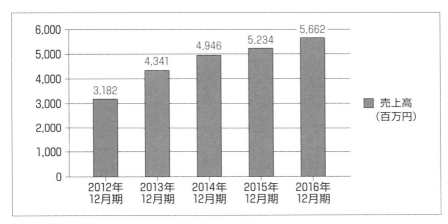

出典：帝国データバンク『第96版　帝国データバンク会社年鑑2016』2015年、帝国データバンク『第97版　帝国データバンク会社年鑑2017』2016年、帝国データバンク『第98版　帝国データバンク会社年鑑2018』2017年より筆者作成

するグローバル企業でもある。

目的とビジョン

目的とビジョンについては、「独自の技術力とネットワークにより、新しい生活価値を創造し、運搬するお客さま指向の企業体、人間集団」という企業目的を掲げ、世界初、業界初というダントツの、競合他社とは比較のできない新製品を開発することをビジョンとしている。また、「超一流のグローバル中小企業を目指す」ことを企業スローガンにして、将来的には、全世界100か国との取引、売上1,000億円以上を目標にグローバル展開を進めている。

焦点戦略と差別化戦略

戦略については、焦点戦略を採用し、明確にターゲットを絞り込み、農業用・土木建設用・林業用運搬車を主力製品としている。家庭菜園から本格的な農作業まで、誰でも、簡単に、手軽に使える運搬車を開発し、凸凹な路面、傾斜地、

砂や砂利などの悪路でも簡単に運搬作業を行うことができる。日本では、作業環境の悪い場所で農業が営まれていることも多い。また、作業従事者についても高齢者や女性も多いために、作業負担を少なくし、誰でも取り扱うことができる製品の開発に力を入れている。付加価値の高い製品を開発することで、価格競争に巻き込まれないように、製品の差別化を図っている。つまり、ニッチ市場で徹底的に製品の差別化を追求する戦略を採用している。

製品開発の方法

この戦略を支えているのが、顧客の潜在的ニーズを掘り起こす「ボヤキの収集活動」である。差別化できる製品を開発し、競争優位を確立するために、顧客の声に注意深く耳を傾ける。製品開発に生かすために、顧客を訪問したときに、何気ない不満やボヤキをビデオカメラに収録し、分析の材料にする。一度開発された製品についても、何度もマイナーチェンジと改善を繰り返していく。そのために、週1回、開発、品質保証、製造、営業スタッフ中心に品質向上会議を開催し、顧客のニーズを綿密に分析する。

例えば、乗用型草刈機については、傾斜地や坂道で無理なく作業できるように、二輪駆動車から四輪駆動車の開発に取り組んだ。また、農業用運搬車で作業者も乗れたらいいという要望を受けて、乗用型を開発している。スピードが遅いものがほしいといわれると、自社製のトランスミッションを開発し、超低速車を作り出した。また、これまで蓄積してきた草刈機のノウハウを生かし、枝下や幹まわりの刈り残しに対応できる林業用草刈機を開発している。世界初、これまで存在したことのない製品を投入することで、新規分野への参入を果たしている。さらに、顧客のニーズを拾い上げる能力を活用し、180°旋回するダンプカーを開発し、建設機械にも新規参入している。

ブランド戦略

筑水キャニコムでは、D・N・B（デザイン・ネーミング・ブランド）を製品開発の3つの重要な柱に据えている。付加価値の高い製品を提供しているの

で、製品のデザインや色についても工夫を凝らし、品質のよさを顧客に訴求している。また、製品の機能性をすぐ理解してもらえるように、ユニークなネーミングを行っている。例えば、乗用型四輪駆動草刈機では、ゴーカートのようなデザインで、赤や黄という原色で塗装され、名前は「草刈機まさお」と呼ばれる。この草刈機ではグッドデザイン賞を、乗用芝刈機四輪駆動「芝耕作」ではネーミング大賞など、多くのデザインやネーミングに関する賞を受賞している。その結果、新聞社、テレビなどメディアで紹介されることにつながり、PR効果を生み出している。中小企業として多くの宣伝広告費をかけることができないにもかかわらず、メディアを活用することによってブランドの構築と浸透を図っている。

顧客への対応力の強化

営業については、無理に売り込まないようにし、値引きにも応じないことを方針としている。顧客のボヤキを収集するためのビデオ営業、商品をマスコミにPRする広報営業、用途の拡張を図るためにニーズを拾いに行く提案営業を基本とする。国内部品即納率は99％で、クレームを生ませない体制を構築している。その結果、集金回収率も100％で、パーツの売上は16％あり、経営の安定化に貢献している。こうした体制を作り上げるために、大企業から出向者を受け入れ、生産計画からパーツリストの作成までオペレーションの改善を図っている。生産については、1999年から多品種少量生産に対応するために、セル生産方式を導入し、スピーディーに注文に対応できる体制を構築している。

販売戦略と価格戦略

販売については、農業機械メーカーで大手総合メーカーと呼ばれるクボタ、ヤンマーホールディングス、井関農機、三菱マヒンドラ農機が独自の販売会社を抱え、これにJAを加えた5ルートが販売チャネルを押さえている。筑水キャニコムの運搬車両もこの販売ルートを通して農家などの顧客に届けられる。大手総合メーカーの販売会社は、自社を含めて多数のメーカーの商品を取り扱

第4部　成長戦略

っているので、重点的に販売してもらうことを期待することはできない。その
ため、圧倒的に差別化できる商品開発に力を入れなければならない。

　販売のプロモーションについては、特別価格の提案を求められても、値引き
につながるキャンペーンには基本的に参加しない。新商品発表会、展示会をホー
ムセンターやショッピングセンターなどで開催し、製品の実演をすることで、
製品の機能性や品質、デザインなどを訴求している。

国際化戦略

　海外展開にも力を入れ、外国人を積極的に採用している。約200人の従業員
の中で、アジア、欧米など12か国から約30人の外国人が働いている。中国、チ
ェコ、インドに工場をもち、2018年にはアフリカ工場の建設を目指している。
海外進出については、商社を使わず、直貿易で独自のルートで販売先を開拓し
ている。その開拓を担うのは、外国人従業員で、現地の事情に通じた人材を介
して、価値観を共有できるパートナーや販売代理店網の構築を進めている。

　海外進出については、1984年からはじめ、当初は、スイス、フランス、ドイ
ツ、イタリア、スウェーデンなど欧州中心に展開した。欧州では、急斜面のオ
リーブ畑、ブドウ畑があり、小型農業用運搬車の需要があると考え、参入を図
った。ニッチ市場であるので、いち早く参入し、先行者利益をとることを方針
としている。将来的には、1か国で10億円の売上を想定し、100か国で売上
1,000億円のグローバル中小企業を目指している。

■ まとめ

　ケースをサマリーすると、筑水キャニコムは農業機械業界の中でターゲット
を絞り込みながら、コア顧客のニーズを徹底的に拾い上げて、付加価値の高い
製品を開発することで、差別化を図るという焦点戦略と差別化戦略を採用して
いる。また、国内市場は限られているので、グローバルに事業を展開するとい
う国際化戦略を成長戦略としている。

第 16 章　グローバルニッチ戦略

ケースを分析するために設定した4つの疑問からケースをレビューする。

Q1　どのような市場や顧客をターゲットにしているか。

　農業用、林業用運搬車、草刈作業機などをターゲットにし、作業環境の悪い場所でも利用できる製品、高齢者や女性にも使いやすい製品などを開発することで、差別化を図っている。

Q2　競争優位を確立するために、どのような工夫をしているか。

　競争優位を確立するために、徹底的に顧客のニーズを掘り起こすために、顧客のボヤキをビデオ収集している。また、必要があれば、部品、部品製造機まで独自に開発することで、製品開発に取り組んでいる。さらに、アフターサービスに力を入れ、部品の即納率を高めることによって、顧客満足度を上げている。

Q3　グローバル化に対しては、どのように取り組んでいるか。

　グローバル化に対しては、独自の販売ルートを開拓するために、積極的に外国人を採用し、現地の事情に通じた人材を介して、パートナーや販売網の構築を進めている。

Q4　成長を続けるためにどのような戦略が採用されているか。

　ターゲットとなる顧客を明確に定める焦点戦略を採用し、その顧客へのニーズに応えることによって徹底的な差別化を図っている。焦点戦略と差別化戦略で競争優位を固めた上で、市場拡大を海外に求める国際化戦略を採用し、成長を進めている。

247

第 4 部　成長戦略

注

1　市井茂樹、服部 奨、デイビッド・マイケル「新興国市場：日本企業の戦い方」
　『DIAMONDハーバード・ビジネス・レビュー』2014年2月号。
2　ハーマン・サイモンが展開する理論の解説については、以下の文献に基づいて
　いる。Simon, H., "Lessons from Germany's midsize giants", *Harvard Business
　Review*, March-April, 1992、ハーマン・サイモン『隠れたコンピタンス経営』トッ
　パン、1998年、ハーマン・サイモン、シュテファン・リッペルト、仲井間滋之「ド
　イツの隠れたチャンピオンに学ぶ」『DIAMONDハーバード・ビジネス・レビュー』
　2006年7月号、ハーマン・サイモン『新装版　グローバルビジネスの隠れたチャ
　ンピオン企業』中央経済社、2015年。
3　ケースの記述については、筑水キャニコムの公開情報（http://www.canycom.
　jp/）と以下の文献に基づいている。包行 均『ものづくりは、演歌だ。』ダイヤモ
　ンド社、2013年、「筑水キャニコム（輸送機器メーカー）型番なんかで呼ばないで！
　面白ネーミングで世界へ」『日経デザイン』2015年5月号、包行均「『草刈まさお』
　の時代が来る」『日経ビジネス』2013年12月30日号、萩島央江「筑水キャニコム
　顧客のボヤキをビデオで撮影　開発・改良を何度も繰り返す」『日経トップリーダー』
　2013年4月号、神農将史「筑水キャニコム　顧客目線で需要刈り取り」『日経ビジ
　ネス』2010年5月31日号。
4　グローバルニッチ戦略については、Dalgic, T.(ed.), *Handbook of Niche Marketing*,
　Routledge, 2005を参照のこと。
5　帝国データバンク『第98版　帝国データバンク会社年鑑2018』2017年。

終章 本書のインプリケーション

　本章はまとめとして、序章で提示したいくつかの問いへの解答を確認することによって、本書のインプリケーションを整理しよう。特に、「コストリーダーシップと差別化のトレードオフ」、「基本戦略の組合せ」、「基本戦略から成長戦略へのシフト」を中心にして考察する。その材料として、図表1のように、本書で取り上げた16のケースについて、どのような基本戦略と成長戦略が採用

●図表1　基本戦略と成長戦略の採用状況

	基本戦略			成長戦略	
	コスト リーダーシップ	差別化	模倣	多角化	国際化
しまむら	◎			△	△
良品計画	○	◎	○	◎	◎
ピーチ	◎	○	○		○
ファースト リテイリング	◎	○		○	◎
平成建設		◎			
パーク24		○		◎	○
アイリスオーヤマ	○	◎		○	
西松屋	◎	○			
相模屋食料		◎			
熊本県		○			○
ジンズ	○	◎	○	○	○
サンリオ		◎		○	◎
セブン＆アイHD	○	◎		◎	◎
ヤクルト本社		◎			◎
ダイキン工業		◎			◎
筑水キャニコム		◎		○	○

出典：筆者作成

されているかを筆者の評価に基づいて判定した。ここで、◎は中心的なもの、〇は経営に一定程度インパクトを与えているもの、△は採用されているものの、本格化していないものを示している。

コストリーダーシップと差別化のトレードオフ

ポーターは、基本的にコストリーダーシップと差別化は両立せず、双方を追求すると、競争優位性を失うと指摘している[1]。これに対して、キム＝モボルニュは、コストリーダーシップと差別化のトレードオフはドグマであり、双方を追求することで、バリューイノベーションを引き起こし、独自のビジネスモデルを構築することにつながることを論じている[2]。本章で取り上げたケースの数は限定されているものの、まずは、コストリーダーシップと差別化の両立は図られているか、検討してみよう。

筆者の判定に従うと、コストリーダーシップに特化しているのは、しまむらの１社だけである。また、差別化に特化しているのは、平成建設、パーク24、相模屋食料、熊本県、サンリオ、ヤクルト本社、ダイキン工業、筑水キャニコムの８社となっている。コストリーダーシップと差別化の双方を採用しているのが良品計画、ピーチ、ファーストリテイリング、アイリスオーヤマ、西松屋、ジンズ、セブン＆アイHDの７社となる。半数近くの企業がコストリーダーシップと差別化の双方を基本戦略として採用している。

この結果をどのように評価すべきだろうか。ITなどの最新技術の進化やグローバル化によって、競争が激しく、変化の速いハイパーコンペティションの時代では、企業は、採用できる手段は何でも取り入れて、競争優位を確保しようとすると考えられる[3]。持続的な競争優位を得ることが難しいので、企業の立場で考えると、コストリーダーシップであれ、差別化であれ、競争要因について採用できる基本戦略は取り入れられると考えられる。

ケースで考えていくと、良品計画は、無印良品というブランドで生み出される製品によって差別化を行っている。しかし、店舗を国内、海外に大量に出店していく中で、グローバルサプライチェーンを構築し、しまむらのローコスト

250

オペレーションを取り入れることで、店舗オペレーションの標準化を進めている。その結果、コストリーダーシップも同時に追求されている。競合他社によって模倣商品が投入されることに対抗する上でも、無印良品の価格をできる限り下げていくことで、参入障壁を高めて、競争力を維持しようとしている。

また、ファーストリテイリングのユニクロ事業についてみると、当初は、ローコストオペレーションで低価格を武器にし、コストリーダーシップが基本戦略になっている。しかし、SPAのビジネスモデルを導入し、商品の品質を高めて、機能性の高い商品をリリースする中で、差別化を強めている。しかしながら、顧客の値上げに対する抵抗は大きく、低価格から差別化に完全にシフトできているとは言い切れない[4]。また、ユニクロの商品については、国内と海外で評価が異なっているという可能性がある。国内と海外ではほぼ同水準の価格で販売されていることを考えると、海外市場では商品価格は高いので、差別化によって、国内市場では低価格によって、競争力を保っていると思われる。

このように、競争力を決める要因が多様に存在しているので、コストリーダーシップと差別化を各要因に応じて、基本戦略として取り入れて、その組合せによって独自の強さを生み出していると考えられる。したがって、ポーターが論じるように、中心となる競争力を決める要因について、コストリーダーシップと差別化の双方を追求しようとすると、強みが曖昧になるが、そうでない要因については異なる基本戦略が採用される可能性がある。

これに対して、キム＝モボルニュが指摘するように、競争力を決める要因が多様にあり、ある要因については取り除く、あるいは、減らす、また、競争力を高める要因については、増やす、あるいは、付け加えることによって、各企業独自の強さを生み出すことが可能になる。しかし、キム＝モボルニュの著書で取り上げられているケースについてコスト削減の取組みをしているからといって、コストリーダーシップと差別化を基本戦略として両立させていると言い切ることも難しい。あくまで、多様に存在する競争要因に応じて基本戦略を使い分けているといえる。

基本戦略の組合せ

　続いて、基本戦略について、どのように組み合わされて、活用されているか
をみていこう。先にも述べたように、基本戦略の中でコストリーダーシップだ
けを採用する企業は1社、差別化だけを採用している企業は8社あった。それ
以外の7社は2つ以上の基本戦略を組み合わせている。コストリーダーシップ
と差別化の2つの基本戦略を組み合わせている企業が3社あり、コストリーダ
ーシップ、差別化、模倣の3つの基本戦略を組み合わせている企業が4社ある。

　2つの基本戦略を組み合わせている企業は3社あるが、それぞれに独自のパ
ターンをとっている。西松屋のように、低価格の商品を提供するコストリーダ
ーシップを中心にしつつも、店舗でのショッピング体験を快適化することで差
別化を取り入れている。アイリスオーヤマについては、ホームセンターという
販売チャネルに適応し、幅広い商品を展開できることを生かして、特徴のある
新製品を独自に開発することで差別化を図ってきた。しかし、商品カテゴリー
を拡大するプロセスで、家電製品のようにすでに大手家電メーカーが多種多様
な製品を投入しているカテゴリーでは、消費者のニーズに応える機能を絞り込
んだ低価格の商品で参入している。差別化を中心にしつつもコストリーダーシ
ップを取り入れている。

　セブン&アイHDについては、コングロマリットを形成しているので、事業
ごとに異なるものの、祖業であるイトーヨーカ堂は、コストリーダーシップを
中心にしてきた。しかし、ディスカウンターや専門店の参入によって、中価格
帯にポジションは置き換えられているので、競合他社とのポジションで必ずし
もコストリーダーシップを基本戦略とできなくなっている。その後、コンビニ
エンスストア事業が中核を占めるようになると、イノベーターとして差別化を
進めてきた。ただし、PBの導入においては、プレミアムブランドを活用して、
差別化を図るとともに、ナショナルチェーンよりも低価格のPB商品を開発、
投入することで、コンビニエンスストア業界においてコストリーダーシップも
追求している。

252

終章 本書のインプリケーション

　3つの基本戦略を組み合わせている4社は、SPAのビジネスモデル、あるいは、ローコストオペレーションのビジネスモデルを模倣し、受け入れているので、コストリーダーシップと模倣を同時に採用するパターンになっている。しかし、良品計画については、中心をなす差別化を強化するために、コストリーダーシップを取り入れる形になっている。これに対して、ピーチについては、航空業界に新たに参入する上では、コストリーダーシップと模倣を採用しつつも、同じビジネスモデルで参入を図ってきた競合他社に対抗するために、差別化を進めている。ジンズについてもピーチと同じパターンをとっている。ファーストリテイリングは、上述したように、SPAのビジネスモデルへの転換を図るプロセスで、コストリーダーシップから差別化へシフトを起こしている。

基本戦略から成長戦略へのシフト

　最後に、基本戦略に基づいてビジネスモデルを構築し、イノベーションを重ねることで、競争力を強化していく中で、成長戦略としてどのような戦略が採用されているかをみていくことにしよう。

　コストリーダーシップを中心的な基本戦略に設定している4社は、国内市場の拡大を含めて、成長戦略として国際化を選択していることがわかる。しまむらは、国内市場での拡大を通じて成長を続けてきたものの、その後は、多角化と国際化に同時に取り組んでいる。しかし、多角化、国際化ともに強い成長ドライバーとして十分に機能しているとはいえない。西松屋も同様で、多角化、国際化を模索したが、国内市場をさらに深耕することで、成長を図ろうとしている。独自のローコストオペレーションを構築しているしまむらと西松屋にとって、海外に展開する場合には、その仕組み作りを一から始めることは容易ではないと考えられる。ピーチは、関西国際空港を拠点にスタートし、その後、国内空港を次々拠点化することで、路線を広げ、事業の成長を図っている。ファーストリテイリングの場合には、M&Aを活用した多角化を模索した時期があったが、国際化に舵を切って、アジアを中心に店舗を急速に展開している。ファーストリテイリングは、ビジネスモデルの転換を機にして、コストリーダ

253

ーシップよりも商品の差別化を進めたことが国際化を容易にしていると考えられる。

　基本戦略を定めた後に、主として多角化を成長戦略として活用しているのは、パーク24とセブン＆アイHDの2社になる。パーク24は、情報システムを導入し、ビジネスモデルを進化させ、そのビジネスモデルをテコにして、カーシェアリング事業への多角化を軌道にのせている。その後、M&Aを活用して、国際化も同時に進めている。セブン＆アイHDについては、早くからコンビニエンスストア事業、レストラン事業など、多角化を進めることで成長を図ってきた。その後は、M&Aを活用しながら、国際化を進めている。多角化を成長戦略とするには、社内に蓄積してきた経営資源やケイパビリティを有効に活用することで、事業を広げることが必要で、難易度の高い戦略であると思われる。

　比較的に多角化を上手く取り入れているのは、差別化を軸にコア事業を固めた良品計画とアイリスオーヤマの2社である。良品計画の場合には、無印良品というブランドコンセプトを様々な商品カテゴリーやサービスに拡張することで、多角化を進めている。アイリスオーヤマについては、ホームセンターという販売チャネルで提供する商品カテゴリーを拡大することで、事実上、多角化を実現している。

　差別化を中心的な基本戦略とする企業は、市場を拡大することを成長戦略としている。平成建設と相模屋食料については、国内市場での拡大を志向している。熊本県、サンリオ、ヤクルト本社、ダイキン工業では、国内市場で拡大を図った後に、海外での成長を図っている。国内市場の規模が大きくない場合には、筑水キャニコムのように、直接、海外市場での成長を図るパターンを採用している。グローバルニッチ戦略にみられるように、差別化と国際化の組合せの相性がいいことがわかる。

　以上のように、序章の図表4で提示した基本戦略と成長戦略の組合せを採用しながら、各社が成長を図っていることが確認できたといえる。トップマネジメントは、成長のステージに応じて、どのような戦略モデルの設計に基づいて今後の成長を図っているか、模索している姿がみえてくる。ケースの数は16社

終章　本書のインプリケーション

と数は限定されているが、序章で提示した仮説については、作業仮説として十分に耐えるものであると考えられる。

　今後は、売上高1兆円を超えるような成長を十分に遂げている大企業の場合について、この作業仮説を検証してみたいと考えている。また、売上高10億円から100億円、100億円から1,000億円、1,000億円から1兆円へと成長を図る中小企業、中堅企業について、調査を進めることで、戦略のライフサイクルモデルを練り上げていくと、成長ステージでどのような戦略上の選択をすべきかを考える知見を高めることができるのではないかと思われる。

注

1　マイケル・ポーター「戦略の本質」『DIAMOND ハーバード・ビジネス・レビュー』2011年6月号。

2　チャン・キム＝レネ・モボルニュ『ブルー・オーシャン戦略』ランダムハウス講談社、2005年。

3　リタ・ギュンター・マグレイス「一時的競争優位こそ新たな常識」『DIAMOND ハーバード・ビジネス・レビュー』2013年11月号。

4　武田安恵「ユニクロ、値上げ路線撤回で原点回帰」(http://business.nikkeibp.co.jp/atcl/report/15/110879/040700303/)。

255

研究者紹介

ヨーゼフ・シュムペーター（1883 − 1950）

オーストリア・ハンガリー帝国生まれの経済学者。ウィーン大学で法学の博士号を取得。ツェルノヴィッツ大学、グラーツ大学、ボン大学などを経て、ハーバード大学教授。その間、オーストリア共和国の大蔵大臣、ビーダーマン銀行の頭取に就任。新結合という概念でイノベーションの考え方を導入し、その実行者として企業家の役割の重要性を指摘した。著書に『理論経済学の本質と主要内容』（岩波書店、1983 年）、『経済発展の理論』（岩波書店、1977 年）などがある。

イゴール・アンゾフ（1918 − 2002）

ロシア生まれの経営学者。ブラウン大学で応用数学の博士号を取得。ロッキード社などで実務経験を積み、カーネギーメロン大学の教授に就任。その後、ヴァンダービルド大学経営大学院の創設に関わり、ヨーロッパの研究機関での教授を経て、US 国際大学の特別教授となった。ロッキード社では事業の多角化に取り組み、研究職に就いた後もフィリップス、GE など多国籍企業に対してコンサルテーションを実施した。著書に『＜新装版＞アンゾフ戦略経営論 [新訳]』（中央経済社、2015 年）がある。

C.K. プラハラッド（1941 − 2010）

インド生まれの経営学者。ハーバード・ビジネススクールで多国籍企業の研究で DBA を取得。インド経営大学院教授を経て、ミシガン大学ビジネススクール教授。専門は企業戦略論。ゲイリー・ハメルとの著書『コア・コンピタンス経営』はベストセラーになる。BOP（ボトム・オブ・ピラミッド）という低所得層を顧客に変えるビジネスの可能性を提言した。著書に『コア・コンピタンス経営』（日本経済新聞出版社、2001 年）、『ネクスト・マーケット』（英治出版、2005 年）などがある。

マイケル・ポーター（1947 −　）

ハーバード・ビジネススクール教授。専門は競争戦略論。ハーバード・ビジネススクールで MBA を、ハーバード大学でビジネス経済学の博士号を取得。経済理論を活用し、市場で企業が優位なポジションを確立するためのフレームワークを提示した。著書に『新訂　競争の戦略』（ダイヤモンド社、1995 年）、『競争優位の戦略』（ダイヤモンド社、1985 年）などがある。

ジェイ・バーニー（1954 −　）

オハイオ州立大学ビジネススクール教授。専門は戦略経営論。イエール大学で社会学と行政学の博士号を取得。UCLA、テキサス A&M 大学ビジネススクールを経て、現職。経営資源に基づく競争優位性の理論であるリソースベーストビューにおける貢献で知られる。著書に『企業戦略論　上・中・下』（ダイヤモンド社、2003 年）がある。

パンカジ・ゲマワット（1959 −　）

インド生まれの経済学者。ハーバード・ビジネススクール教授、IESE ビジネススクール教授。専門はグローバル戦略論。ハーバード大学のビジネス経済学で博士号を取得、コンサルタントとして働いた後にハーバード・ビジネススクール史上最年少教授となった。グローバル化について解消できない差異が残るとし、その対応として適応戦略、集約戦略、裁定戦略があることを提起した。著書に『競争戦略論講義』（東洋経済新報社、2002 年）、『コークの味は国ごとに違うべきか　ゲマワット教授の経営教室』（文藝春秋、2009 年）などがある。

■著者紹介

磯村　和人（中央大学　理工学部教授）

京都大学経済学部卒業、京都大学大学院経済学研究科単位取得退学、京都大学博士（経済学）。

福島大学経済学部助教授、ビクトリア大学経営学部客員教授、中央大学国際会計研究科教授を経て、現職。

主著に『組織と権威』文眞堂／2000年、『組織は人なり』ナカニシヤ出版／2009年（共著）、『経営は哲学なり』ナカニシヤ出版／2012年（共著）がある。

主要論文に "Barnard on leadership development : bridging action and thinking," *Journal of Management History*, Vol.16, No.2, 2010, " Examining the Japanese leadership orientations and their changes," *Leadership & Organization Development Journal*, Vol.33, No.4, 2012（共著）, "How UNIQLO evolves its value proposition and brand image : imitation, trial and error and inovation," *Strategic Direction*, Vol.30, No.7, 2014（共著）がある。

本書は、「会計・監査ジャーナル」2016年1月号〜2017年12月号連載の「〔実例に学ぶ〕企業行動の理論と実践」を再構成したものです。

著作権法により無断複写複製は禁止されています。

戦略モデルをデザインする

平成30年7月30日　初版発行

著　者　磯　村　和　人 ©

発行者　関　根　愛　子

発行所　**日本公認会計士協会出版局**

〒102-8264　東京都千代田区九段南4-4-1　公認会計士会館
電話　03(3515)1124
FAX　03(3515)1154
URL：https://jicpa.or.jp/

Printed in Japan 2018

製版：(有)一　企　画
印刷製本：(株)あかね印刷工芸社

落丁、乱丁本はお取り替えします。
本書に関するお問い合わせは、読者窓口：book@sec.jicpa.or.jp までお願い致します。

ISBN 978-4-904901-81-6 C2034